二見文庫

イチローやタイガーの「集中力」を「仕事力」に活かす!

児玉光雄［著］

イラスト・阿部佳明

まえがき

２００７年７月10日に開催されたメジャーのオールスター戦で、イチロー選手は３打数３安打と大活躍。とくに３回目の打席ではオールスター初のランニング・ホームランを放ち、みごと日本人選手初のＭＶＰ（最高殊勲選手）に輝いた。

イチロー選手を偉大な打者に仕上げた一因が、類まれな集中力にあると、私は考えている。彼は、「ぼくはあそこ（バッターボックス）に入ると、自然に集中できるのです」と語っている。バッターボックスで最高レベルの集中力を維持する工夫を積み重ねてきたからこそ、彼は大きな実績を残せたのである。

少し古い話になるが、私はビジネスパーソンを対象にした能力開発セミナーで、「あなたにとって『筋力トレーニング』と『集中力トレーニング』とでは、現実的にはどちらのほうが大切ですか？」という質問をしたことがある。すると、実に73％の人が『集中力トレーニング』と答えたのである。

いっぽう、『筋力トレーニング』と答えた人はたった18%だったのである。

にもかかわらず、フィットネスジムが全国いたる所にあるのに比べ、『集中力トレーニング』の看板を掲げている場所はまったくない。あるいは、フィットネス関連の本は簡単に見つかるが集中力の本を探すのは苦労する。これは、とても不思議な現象である。

では、集中力を鍛えるにはどうすればよいのか。じつは、集中力は右脳と相関関係にある。集中力が働いているとき、たいていあなたの右脳はフル稼働している。

以前、懇意にしていただいている日本の脳波解析の権威、日本医科大学の河野貴美子先生に羽生《はぶ》善治棋士のことについて話をうかがったことがある。

河野先生によると、羽生さんの対局中の脳波を測定したとき、「集中レベルが高まっているときほど右脳の領域が活性化している」という事実が判明したのである。

そのとき羽生さんの頭の中では、多数の指し手から、最善手を瞬時に導き出す作業が右脳の領域で実行されていたはずだ。高速での処理能力は右脳でしかできない。同時に集中力も最高レベルにあるわけだ。もちろんバッターボックスに立つイチロー選手も同じように右脳がフル稼働しているはずだ。

この事実を私たちは日常生活のなかでも応用できる。つまり、処理速度を高めれば自動的に右脳にスイッチが入って集中力のレベルが高まるのだ。

例えば、単行本を読むときにあらかじめかなり厳しい時間設定をして読み始めよう。そうすると、自動的にあなたの右脳にスイッチが入り、驚くほど速く本の内容が理解できることに気づくはずだ。このときあなたの集中力のレベルは自然に高まっている。

本書では集中力のメカニズムだけでなく、具体的なトレーニングを紹介している。トレーニングといっても仕事の休憩時間や通勤時間などで実行できるものばかりだ。1日せいぜい15~30分の時間をかけて集中力を高める意識を持ってみよう。数週間もすれば誰でも驚くほど集中力が高まって、仕事の成果が上がる自分を発見できるはずだ。もちろんあなたの右脳も、そのときフル稼働している。ぜひご愛読いただきたい。

２００７年夏　児玉光雄

もくじ

Part 4 仕事を楽しむリラックス法……115

Part 5 「踏ん張り」のトレーニング……143

ICHIRO
51

★仕事力をアップする！

10の集中力トレーニング

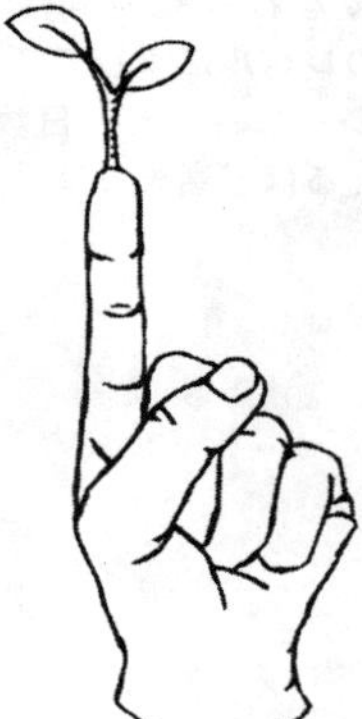

1 残像集中トレーニング

一辺が3.5cmの２つの三角形を重ね合わせた図形をコピーして、名詞の裏に貼り付けよう。次に、オレンジ色と紫色で図形を塗りつぶして15秒間凝視する。目を閉じると紫色が明るい黄色に、オレンジ色が鮮やかな青色に変化することがわかるだろう。

残像が消えるまで、意識をその領域に集中させる。トレーニングを積み重ねるうちに、残像時間はどんどん延びていくはずだ。最終的に凝視した時間の２倍、すなわち30秒間残像が残れば、集中力はかなりのレベルに達している。

この残像トレーニングを一日数回実行すれば、集中力を見違えるほど高まるはずだ。

2 トランプ&迷路トレーニング

これはトランプと迷路を使うトレーニング術。5枚のトランプを並べて記憶する。制限時間は10秒。10秒経過したら5枚のカードをすべて伏せる。

次に左の迷路の入口から出口までを視線で追っていく。迷路を抜けたら、カードの右から順番に「ダイヤの4」、「スペードの8」と口ずさみながらトランプを裏返していく。これを何回か繰り返してぜんぶ正解したら、トランプの枚数を増やす。

10秒間で10枚のトランプのマークと数字を記憶し、迷路トレーニングをはさんでも、すべてのトランプのマークと数字を記憶していることが最終目標だ。このトレーニングは、集中力だけでなく記憶力も高まる。

3 瞬間カウント・トレーニング

これは、「点」を一瞬のパターン認識でカウントするトレーニングで、3段階の「瞬間カウント」を用意した。

時計のように配置された12枚のカードがある。初級レベルは1枚に「点」の数が5〜9個、中級レベルは8〜11個、上級レベルは11〜15個が記してある（図をコピーすれば何度もテスト可能）。

時計を用意し、鉛筆を手にし、スタートの合図で「点」の数を速く正確に読み取り、右上の枠の中に記入していく。12枚の「点」の数を読み取ったら、要した時間と何枚正解したかを記録する。

採点法は、1枚を読み取る時間を2.5秒と設定し、計30秒を基準時間とする。そしてトレーニングに要した時間を引いたものが「時間点」となる。たとえば、全部を読み取るのに35秒かかったら、時間点は－5点。正解した枚数をこの得点に加算する。1つの正解に与えられた得点は2点。例えば8枚正解したなら16点。時間点の－5点と換算して、合計点は11点となる。目標は20点。安定して20点を超えるようになったら、ステップアップしよう。最終的に上級レベルで20点取るのが目標。

テストのたびに横にしたり逆にしたりして、スタート地点を変えてトライしよう。

初級レベル

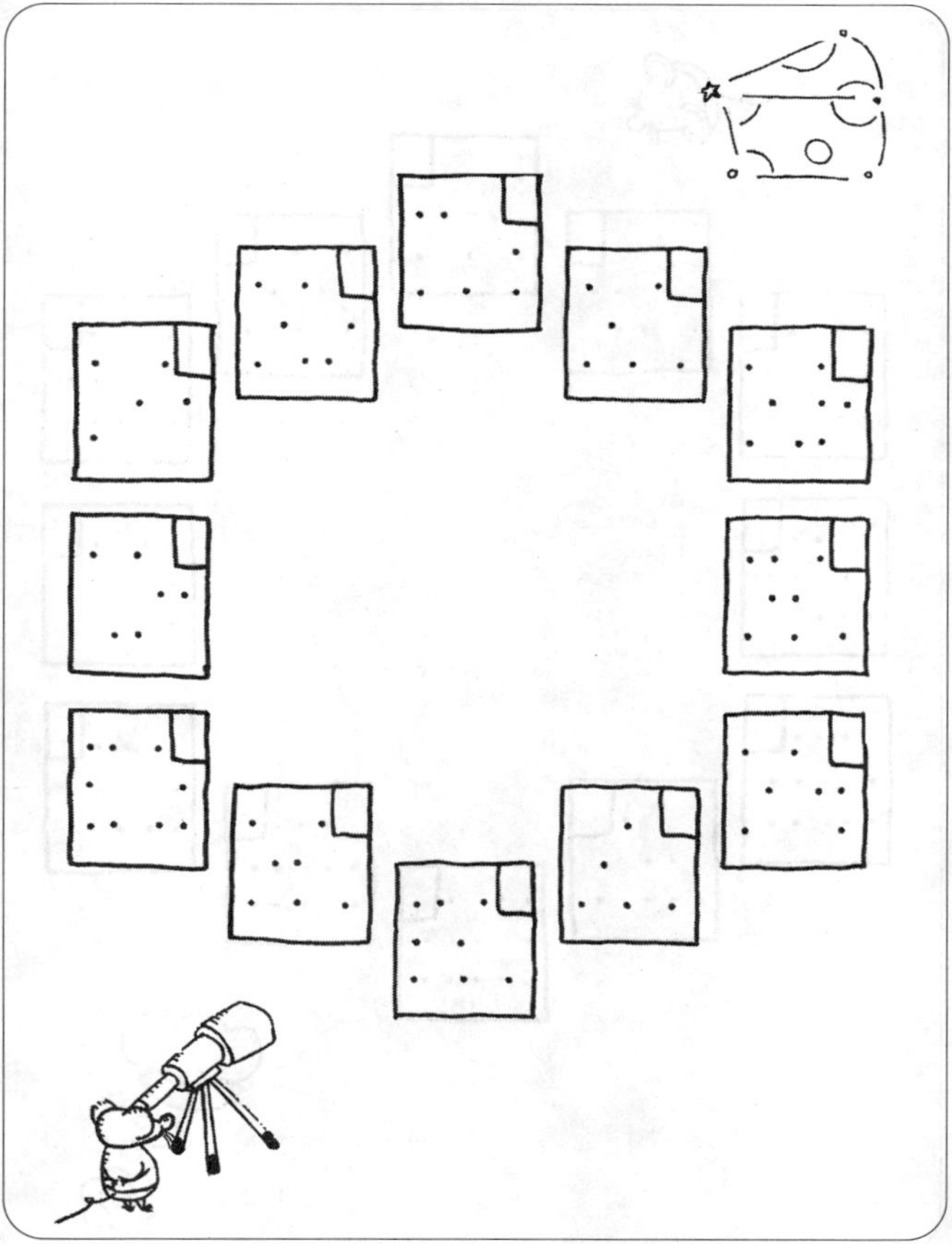

中級レベル

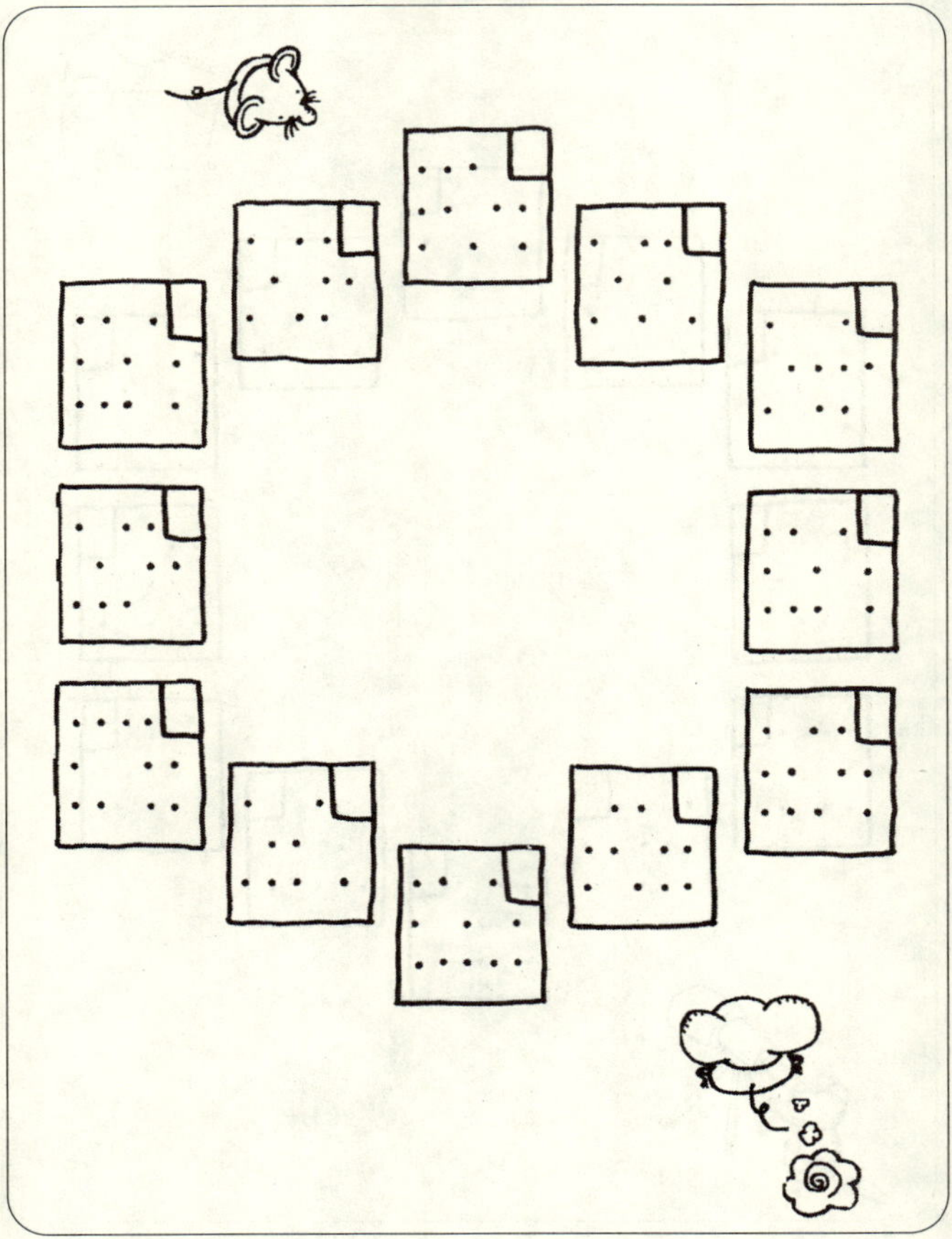

上級レベル

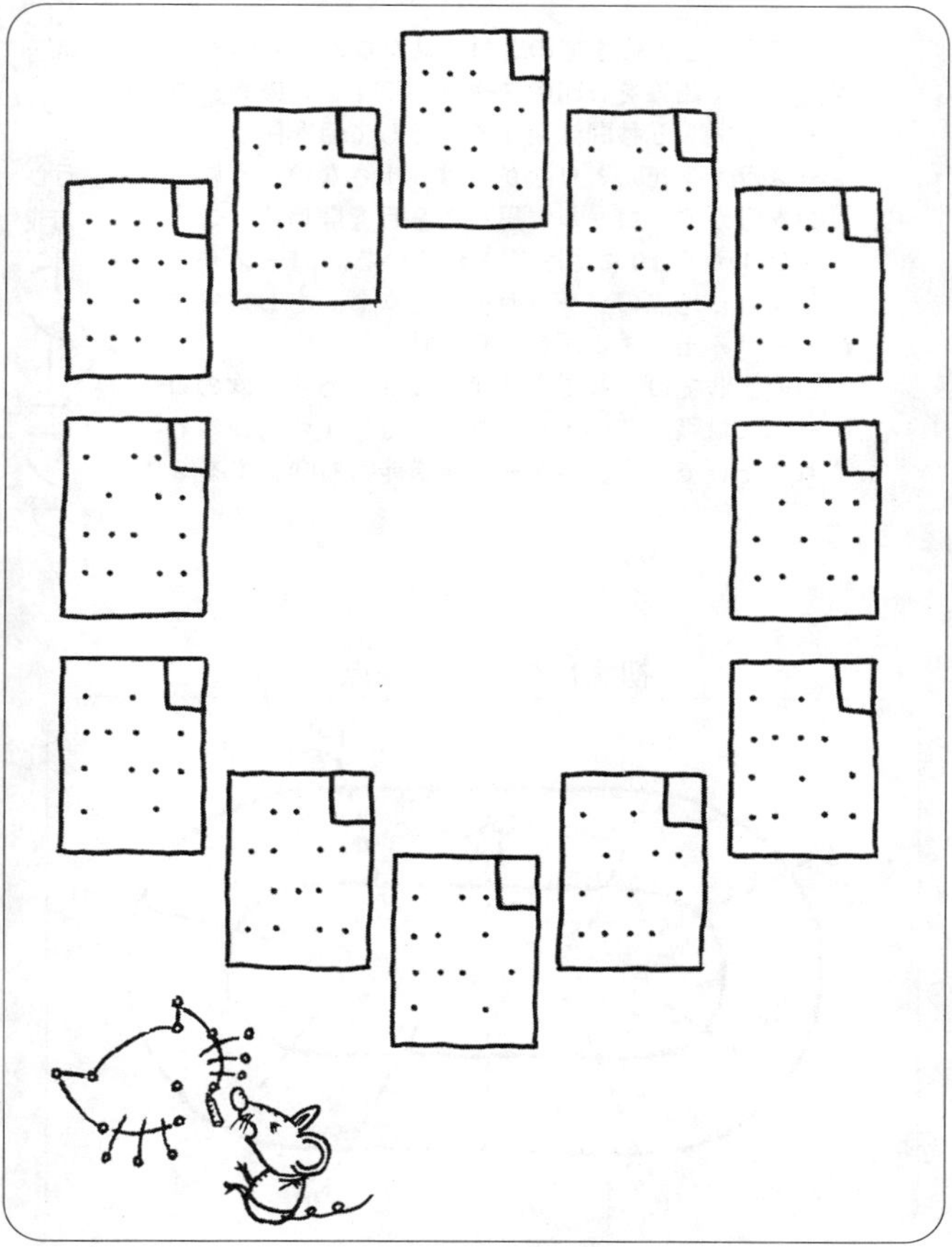

4 記憶・認識トレーニング

初級から上級までの３コースが描かれている。

まず、鉛筆を☆印のスタートラインに置き、コース全体を５秒間注視する。そして目を閉じ、コースラインをたどりながらはみ出さないようにペンを動かす。ゴールと思ったら目を開ける。コースは１から10まで区分されている。コースからはずれた地点のゾーンが得点となる。もしコースからはみ出さずに戻れたら「100点」だ。

安定してゴールできるようになったら、次のコースに挑戦。このトレーニングは、集中力が養われるだけでなく、パターン認識能力も向上する。

初級レベル（　　点）

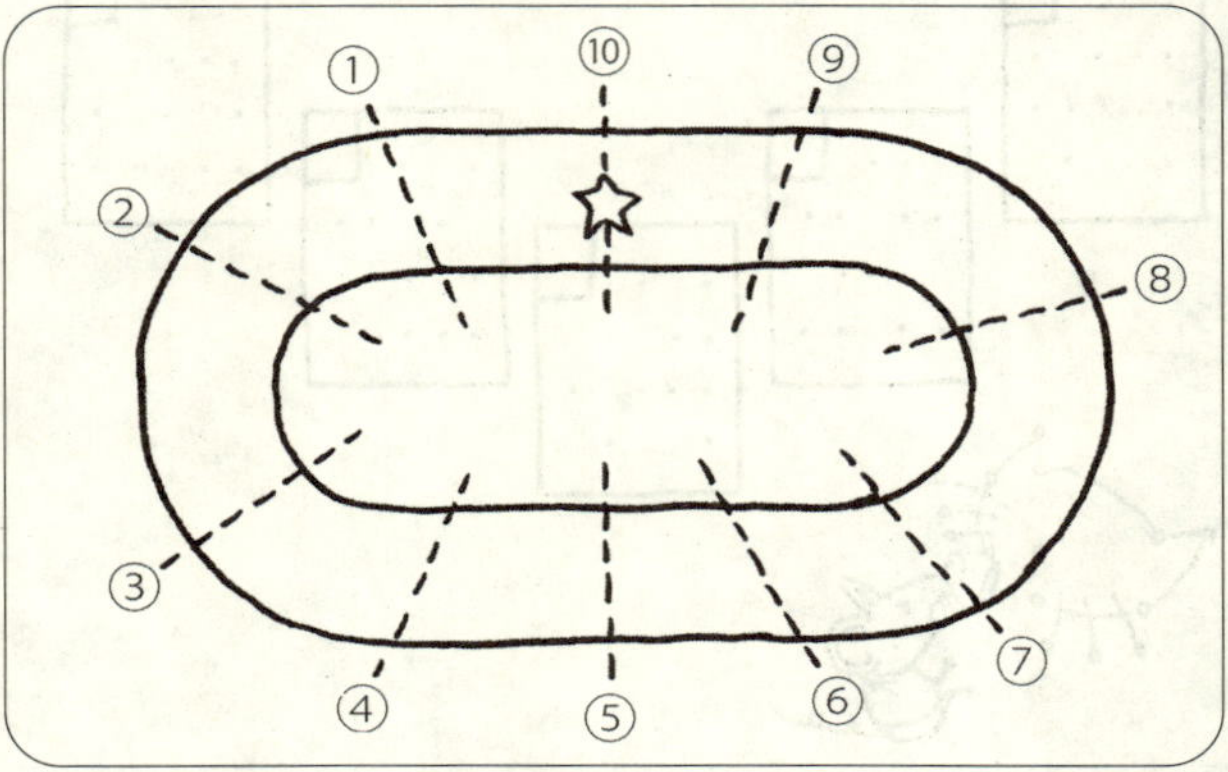

中級レベル（　　点）

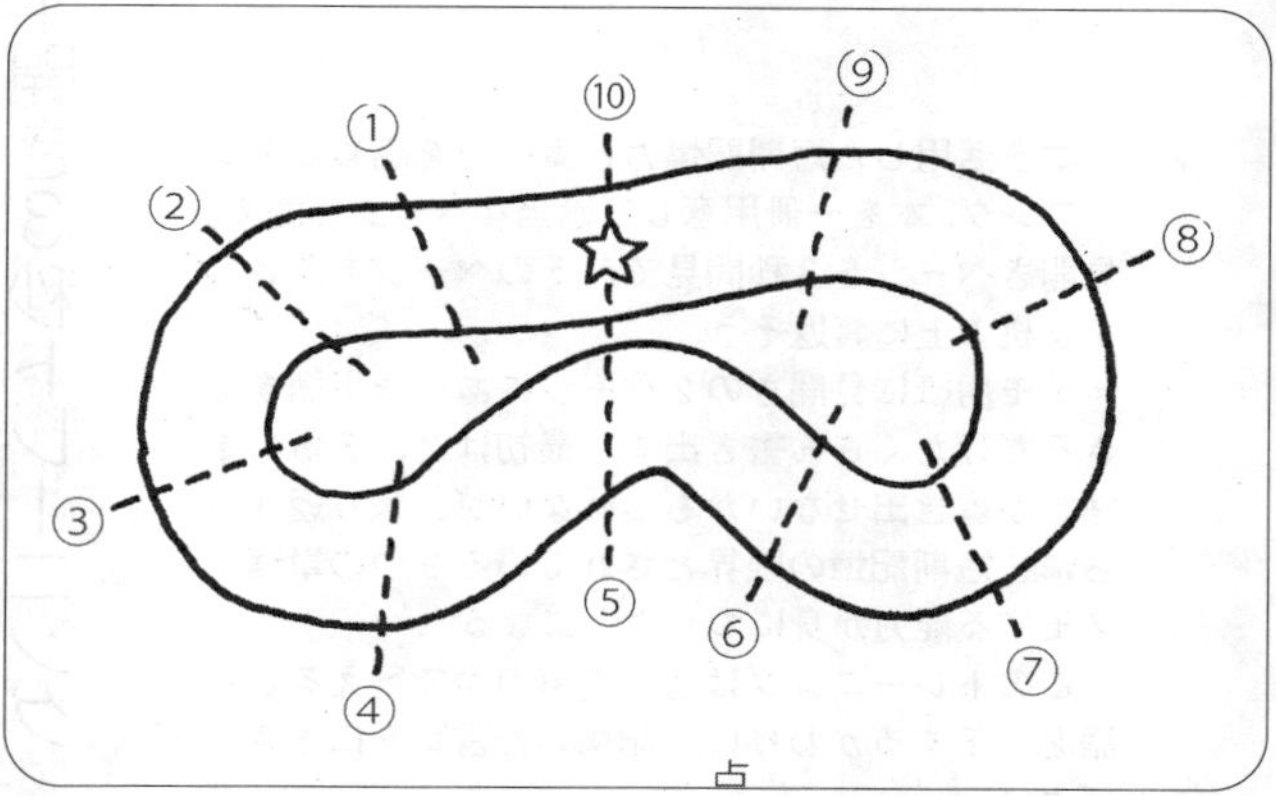

上級レベル（　　点）

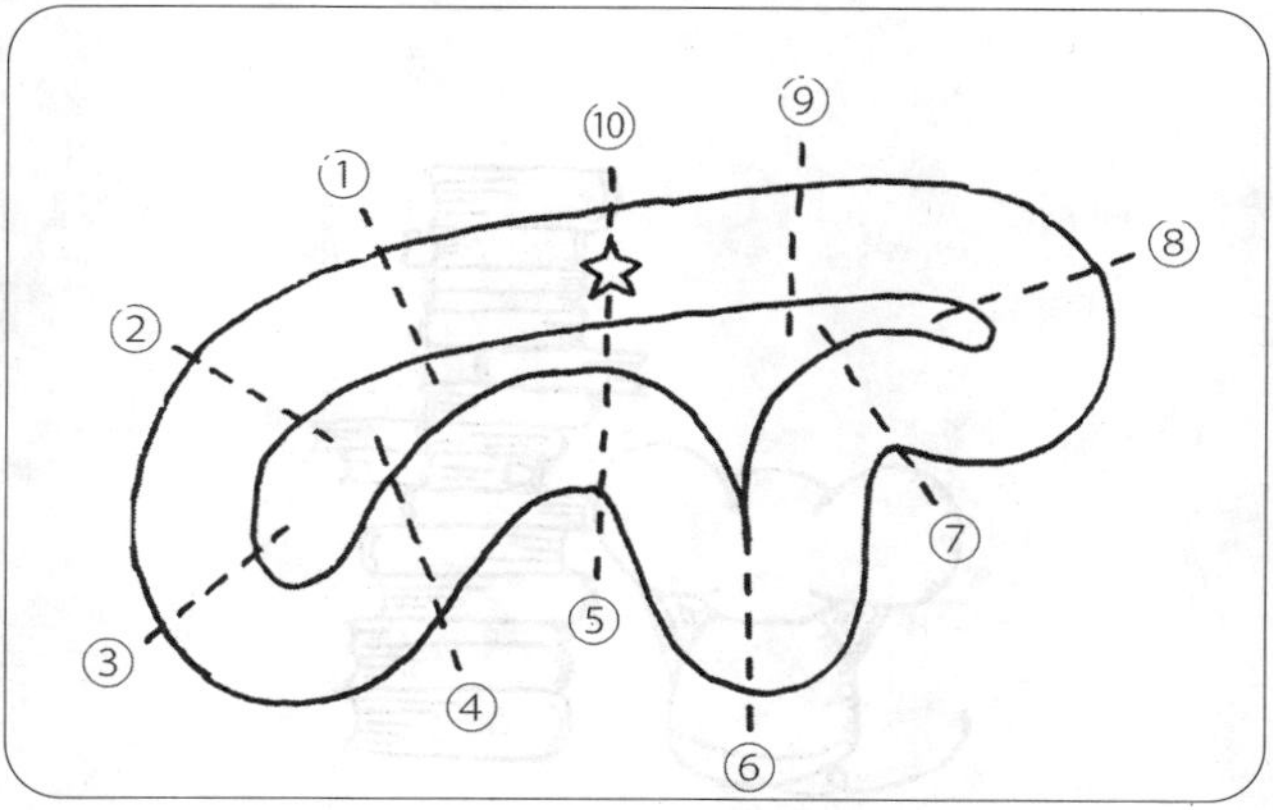

5　本開き3秒トレーニング

本を活用した短期記憶力と集中力を高めるトレーニング。本を一冊用意して適当なページを開く。見開きページを３秒間見て、そのページを開けたまま机の上に裏返そう。

メモ用紙に見開きの２ページにあった単語をできるだけたくさん書き出す。最初は２、３個の単語しか書き出せないかもしれないが、繰り返すうちに、短期記憶の限界とされている９つの単語をメモする能力が身につくようになる。

このトレーニングは通勤電車の中で行える。単語をメモするかわりに、記憶した言葉を口ずさめばよい。

6 辞書の速めくりトレーニング

指先の動きで集中力を高めるトレーニング。

用意するものは、国語辞典、または英和辞典、メモ用紙とボールペンだ。

やり方は、キーワードとなる文字（国語辞典ならひらがな、英和辞典ならアルファベット）を決める。たとえば、キーワードを「う」としたなら、「う」で始まる言葉を思い浮かべてメモ用紙に記入する。その後、国語辞典（英和辞典）からできるだけ早く、書き出した言葉が記入されているページを探し出す。そして、言葉の横にページを記入する。記入し終えたら、しりとりの要領で次の言葉を思い浮かべ、メモ用紙に記入する。同様に、その単語が記載されているページ番号を言葉の横に記入していこう。

〈例：ウサギ→銀行→ウマ→マスカット/cat→time→easy→yellow〉

制限時間は 3 分。経過した時点で正しくページを記入した言葉の数が得点となる。

7 クレペリン・テスト

この逆ピラミッド型のテストは、一番上に1～9の数字が表示してある。「スタート」の合図で2つの数字のすぐ下の枠に、足した数の1桁の数字を速く記入していく。同じ要領でマスをうめていき、一番下まで足し終えたら、所要時間を記入する（解答は212ページ）。

間違っていたら0点。正解するまでくり返す。正解時の時間をその日の得点とする。

26ページのテスト用紙は、自分でオリジナルテストを作成するためのもの。コピーして一番上の列に1から9までの数字を思うままに記入する。

次に「逆クレペリン・テスト」にチャレンジしよう。つまり、用紙を逆さにして、下段に1～9の数字を自分で入れ、下から上に合計数の1桁の数字を入れていく。やや難易度は高くなる。やり方は同じで、正解は自分で検算。

一日2回、このテストを日課に組み入れてみよう。

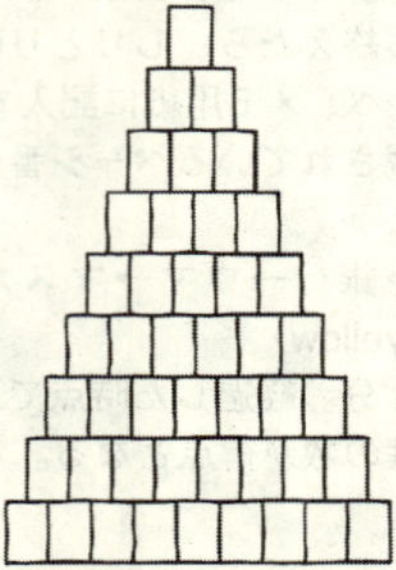
逆クレペリン・テスト

所要時間＿＿＿＿秒

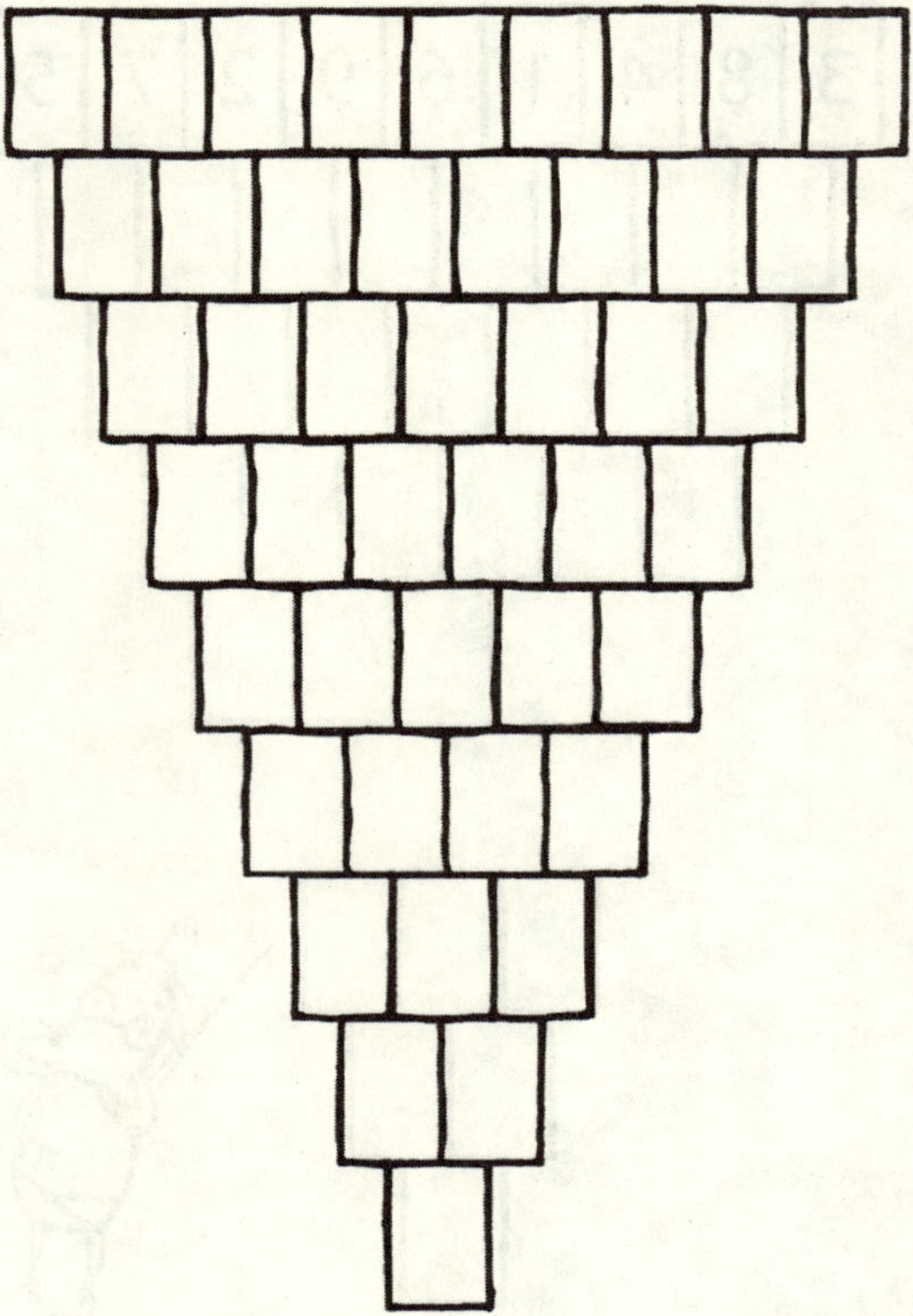

所要時間＿＿＿＿秒

8 神経衰弱トレーニング

神経衰弱も、集中力を高めるには効果的だ。通常の神経衰弱は、最初から裏返したカードを順次めくって場所を覚えていくが、このゲームは最初から数字とマークがついた側を表に向けておく。

まず、4組8枚から始めてみよう。8枚のカードをバラバラにして表向きに並べる。数秒間見つめたら、裏返しにする。全部のトランプを裏返しにした後、同じ数字のトランプを当てよう。全部間違えずにできたら5組10枚、6組12枚というように2枚ずつ枚数を増やしていく。1組でも間違ったら、その枚数があなたの右脳レベルだ。最終目標は26組52枚。

ここで重要なことは、トランプのパターンを意識しながらこのゲームを行うこと。ダイヤの5ならカードの絵柄を映像として脳に記憶させよう。

慣れてくるとカードを見た瞬間にマークが浮かぶようになる。

9 20秒間・脳トレーニング

この記憶テクニックは、別名「20秒左右脳共鳴記憶術」と呼んでいる。文字や数字は左脳、画像は右脳で同時に記憶するトレーニングだ。たとえば、あらたに大事な取引先の人と名刺交換する際、このテクニックを駆使してトレーニングしてみよう。相手の顔を右脳に記憶させる。20秒間かけて、雑談をしながら相手の顔と名前、肩書きを完璧に記憶する。

人間の脳は20秒間かけて記憶したことは長期記憶として保存する確率が高い。これは大脳生理学的に証明されている。

10 集中力を高める色を認識

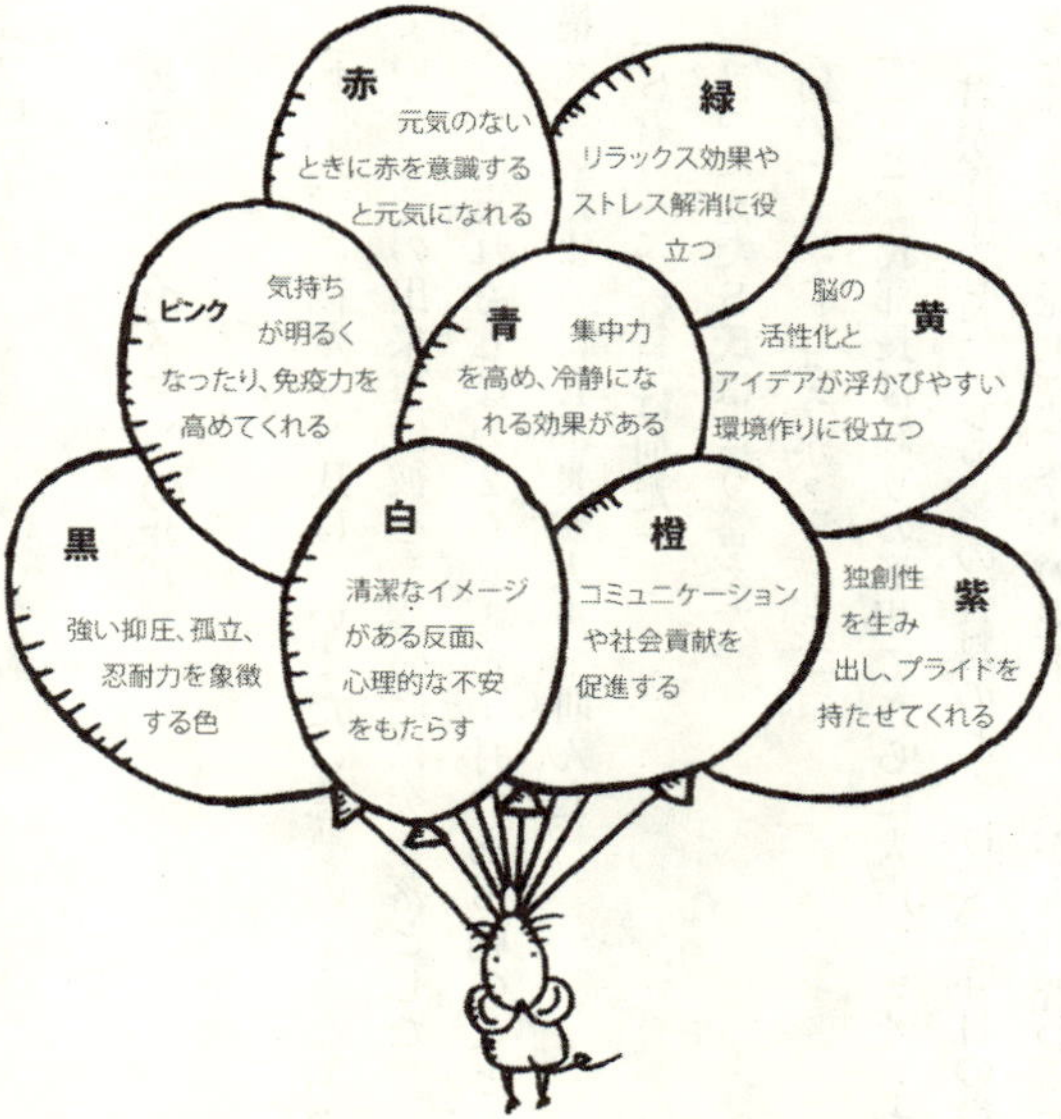

色は集中力に大きな影響を及ぼす。肝心なときに力が発揮できないのは能力の欠如ではなく集中力の欠如だ。そこで色の効果を利用しよう。

下図は色が心理面に及ぼす効果だ。集中力を高める色は青。オフィスの机の上に青い花瓶や鉛筆立てを置いたりするだけで集中力が高まるはずだ。

緑はリラックス効果があるので、できるだけ植物を配置しよう。自然の緑は疲労回復に役立つという実験データも出ている。週末に積極的に青や緑に接する機会をつくってリフレッシュすれば、月曜日から張りきって仕事にのぞめるだろう。

〈プロローグ〉

あるビジネスマンの悲劇

私の大学の後輩・S氏は、いまだに悪夢のようなあの日の出来事をしっかりと記憶している。その出来事は彼を奈落《ならく》の底に突き落とした。

それは忘れもしない2001年1月のある朝のこと、オフィスに出社したS氏を待ち構えていたようにK部長が大声で叫んだ。

「S君、この資料は何だ」

うろたえたS氏はこう答えた。

「何のことでしょうか？　部長」

すると、K部長は怒りの形相でさらに大声でまくしたててきたという。

「君が作成したプレゼンの資料のおかげで、昨日の役員会議でとんだ恥をかいてしまった。昨年の売上高と今年の売上高の表が入れ替わっていたぞ。おまけに、ライバル企業と当社の営業成績の数字も入れ替わっていた。君の仕事に対する集中力はどうなっているんだ」

その瞬間、S君の腋の下から冷や汗が流れたのはいうまでもない。実は、部長に資料作成を依頼された前日、久しぶりの友人とのマージャンで自宅にタクシーで帰宅したのが午前3時。茨城県取手市に住んでいるS君のその日の睡眠時間は約3時間。寝ぼけ眼の状態で出社した。

おまけにマージャンをしながらのウィスキーの飲み過ぎで、睡眠不足と二日酔いが重なり、その日は最悪の体調だった。そんなとき、突然のK部長からのプレゼン資料の作成依頼。なかなか資料はまとまらない。午後2時ごろウトウトしながらの資料の作成作業でこの大失敗をしでかしたのだ。

それはたんなる失敗では終わらなかった。それから3カ月後の定期異動で彼は傍系の子会社に出向を命じられる。あの日の大失敗による出向であることは、紛《まぎ》れもない事実だ。

これほど極端ではないにしても、多かれ、少なかれ、誰でも集中力不足で引き起こしたミスによって上司から叱られたことが一度や二度はあるだろう。集中力の途切れが致命的なミスを引き起こす。極端な場合、S君のようにたった一度のミスによって人生を棒に振ってしまうこともあるのだ。

ビル・ゲイツの武器もまた……

著名な心理学者であるダニエル・ゴールドマン博士は、「人間は集中する習慣を身につけることにより、心の集中力という筋肉を発達させることができる」と主張する。フィットネスセンターでの毎日のトレーニングが筋肉を発達させるように、自分に与えられた目の前の仕事に没頭すれば、集中力も筋肉と同じように増進していく。

スポーツのチャンピオンは偉大な集中力の持ち主である。たとえば、2007年7月に、5年9000万ドル（約110億円）でシアトル・マリナーズと契約延長を結んだ、メジャーリーグで大活躍しているイチロー選手は、スポーツ記者のインタビューで、「バッターボックスに入ると、ぼくは自然に集中できる」と語っている。

イチローのバッターボックスにおける仕草は、まるで式典の儀式のように寸分の狂いもない。精密機械のような仕草がイチローを集中のピークに引き込んでいく。それがイチローの最大の武器であり、彼のすばらしい成績を支えている。

ビジネス界の成功者も、その卓越した集中力によってその地位を築いたといえる。その典型例は、マイクロソフトの創設者であるビル・ゲイツだろう。ただし、彼はすべてのことに集中力を発揮したわけではない。

学生時代、ゲイツはハーバード大学でもトップクラスの成績であったが、自分の興味のないギリシャ語の授業ではいつも居眠りをしていた。だから、彼の頭のよさはアメリカで最も秀才が集まるこの大学のなかでも群を抜いていたが、すべての科目でトップというわけではなかった。

もちろん、コンピュータ・サイエンスに関しては驚くべき集中力を発揮して、担当教授が舌を巻くほどのめり込み、成績に関して彼の右に出る者はいなかった。

ゲイツのコンピュータへの思い入れは、すさまじいものがあった。

「ゲイツに夜会いたければ彼の部屋ではなく、コンピュータセンターへ行け」という神話も生まれた。

夜にはコンピュータの利用者が減るため、学生時代の彼はほとんどの時間をコンピュータセンターで過ごした。コンピュータの置いてあるテーブルの上で死んだように眠っているゲイツを多くの学生が目撃している。

自分の興味の対象を一つに絞り込んで、のめり込む。これこそ、高度の集中力を手に入れる大きな武器となる。

同時に、たんに集中力を高めるだけでなく、ちょっと工夫をして集中力を阻害する環境要因を改善するだけでも、驚くほど集中力は高まる。

本書では、心理学的な側面からの考察も含めて、できるだけ具体的な、しかも仕事の現場で活用できる集中力を高めるノウハウを凝縮した。

とくに、通勤電車の中でも簡単にできる集中力のトレーニングを充実させた。気に入ったトレーニングを選んで、ぜひあなたの日課のなかに組み込んでいただきたい。

Part 1

仕事力アップの日常トレーニング

1 自分の力を効率よく発揮するには？

「人生の目標をしっかり立ててその実現をめざす」こと自体悪いことではない。ただし、その前に意識のなかにしっかりとインプットしておかなければならないことがある。それは「私たちは過去や未来に生きているわけではない。今という瞬間を生きているのだ」ということ。

「リストラされなければいいのだが……」という未来の不安や恐怖心を抱えながら取り越し苦労したり、「あの時もっと頑張っておけばよかった」と過去のことをくよくよ考える暇があったら、もっと「今という瞬間」を大切に生きよう。

私が強調したいのは、「今、幸せでなければ、いつ幸せになるというのだ」ということ。今という瞬間に没頭する。これこそ集中力そのものである。今に没頭できる人は、それだけで「集中力の達人」なのである。

多くのビジネスマンに私が繰り返し言い続けてきたことがある。それは「どんなに多忙であっても、最優先で自分のやりたいことに没頭する時間を1日1時間確保しなさい」ということ。何よりも優先させてそれを貫く。そうでなければ、生きている意味がない。そう考えてみよう。この1時間があなたを集中力の達人に変身させてくれる。

これに関して言えば、タイガー・ウッズやマイケル・ジョーダンのビジネスにおけるマネジメントを努めている世界最大のスポーツ・エージェントIMGの創立者、故マイク・マコーマックはその忠実な実践者であった。

もう10年以上前の話になるが、当時、彼はアメリカでもっとも多忙な人間の一人であり、連日分刻みの仕事をこなしながら、毎日1時間のテニスを楽しむ時間をきっちり確保していった。

彼の考え方は明快である。

「どうしてそんなに多忙なのにテニスを楽しむ1時間を毎日確保できるかって？　私が分刻みで仕事をしているのは、テニスをする1時間を確保するためなんだよ。テニスを目いっぱい楽しむことが、私の仕事のエネルギー源になっている」

あなたの手帳の1週間のスケジュール表の中に、あなたがやりたいことを真っ先に書き込もう。そうすれば、あなたはもっと充実した人生を送れるだけでなく、自然に高いレベルの集中力を身につけることができる。

どうしてもその1時間が確保できなければ、次に示す時間帯を活用してやりたいことに没頭してみよう。

●朝の出勤前の1時間
●通勤電車の中の1時間
●昼休みの30分
●退社後の1時間
●風呂上がりの就寝前の30分

断固として、忙しい1日のなかに「やりたいことをやる1時間」を確保しよう。それだけで、あなたは簡単に「集中の達人」になれる。

2 単純作業の楽しみ方

現代人にとって、「自分時間」を確保することは驚くほど難しい。自分の日課をチェックしてみると、1日24時間のほとんどが、第三者によって行動を支配されていることがわかる。

しかも、ほとんどの人がそれを当たり前のことだ、と考えてしまっている。ここで理解してほしいのは、「ほんの100年前までは1日のほとんどの時間を自分自身が100%コントロールしていた」ということ。

たとえば、あなたはどれくらいの時間を携帯電話やパソコンとのにらめっこに費やしているかについて、考えたことがあるだろうか?

ある調査機関のデータによると、私たちが携帯電話の交信やeメールに費やしている時間は1日平均3時間30分にも及ぶという。

あなたに没頭できるものがなかったり、好きなことに没頭する1時間がどうしても確保できないのなら、10分間でいいから皿洗いやコピーをとるといった、単純作業に没頭してみてはどうだろう。

実は、私は現在単身赴任の身である。自炊することで、皿洗いの楽しさを発見した。皿をピカピカに磨き上げることによって、簡単に「無の境地」になれる自分を見いだしたのである。単純作業に没頭することがこんなに楽しいことを、皿洗いがわかりやすく教えてくれた。

鹿児島県にある鹿屋体育大学に赴任してもうすぐ8年になるが、それ以来、よほどのことがない限り、毎日10分間皿洗いの時間を確保することにして、瞑想の時間に充てている。黙々と皿を洗うことによって、「瞑想という新しい時間」を発見したのである。「心を込めて目一杯皿洗いに没頭する」という楽しみが、「集中することとはどういうことか？」ということに気づかせてくれた。

つまり、単純労働を楽しむことによって、私は新しい能力を一つ獲得したのである。これは仕事にもそのまま応用できる。集中力を身につけたかったら、単純労働を「瞑想の時間」に充ててみよう。仕事をつまらなくしているのは、仕事の内容ではない。それに取り組むその人の心構えにある。

多くの人が「単純労働は他人によってコントロールされている時間」と勘違いしている。本人の心構えによって、単純労働は1日における貴重な「自分時間」に変わる。単純労働を楽しもう。この時間こそ本来の人間らしさに戻る「回帰の時間」となる。

3 頑張りすぎは「仕事力」を落とす

プロ棋士の羽生善治さんは間違いなく「集中の達人」である。ただし、それは将棋を指すときだけで、普段は他の人となんら変わらない。人間とはそういうものであり、自分の得意分野や仕事で集中力を発揮する。それが人生を成功させる大きな武器となる。

ある対談で羽生さんは集中について、こんなことを語っている。

「私も将棋以外であれほど集中することはありませんし、やはり好きなことだから飽きずに長くやっていられるということはありますね。楽しい局面では集中して考えることができるし、一方的に攻められている局面では楽しくないし集中できなかったりする。ですから、考えて面白い局面、考え甲斐のある局面になるようにもっていくことが大事なんだろうと思います」（『簡単に、単純に考える』ＰＨＰ研究所刊）

考えてみたら、ほんとうに面白い仕事なんてそうあるものではない。周りから見たら楽しくみえる仕事も、本人にとってみれば苦痛であることも珍しくない。仕事を面白くしているのは、仕事の内容にあるのではなく本人の仕事の捉え方にある。

言い換えれば、工夫さえすれば、どんな仕事も面白くなる。自分でそういう仕事にもっていくことが集中を高める大きな武器となる。

私はこれまで何人かのプロゴルファーと一緒に仕事をしてきたが、彼らの仕事は私たちが考えているほど楽しい仕事ではない。それは以下の理由からである。

- 予選落ちすれば、獲得賞金はゼロである
- 予選落ちすると、大会エントリー費、交通費、宿泊代、キャディーに支払う費用を含めると最低15~20万円の出費がかかる
- 練習ラウンドを含めて6日間続けてラウンドしなければならない

こんなことを考えると、あなたはゴルフを仕事にすることをためらうだろう。趣味としてプレーするからゴルフは楽しいのであって、仕事にしてしまうとアマチュア・ゴル

ファーには理解できない苦しさを味わうことになる。

たとえば、中堅クラスのKプロの悩みはこうである。

「とにかく練習が足りないから結果が出ないいんだと考えて、朝から晩まで人一倍練習に励みました。1日2000球ボールを打ったり、5時間バッティングの練習を続けたこともありました。それでもツアーの成績はまったく上がりませんでした。ラウンドが終わってから遊びまわっているプロがトーナメントに勝って、こんなに練習している自分はシード権もとれない。世の中は不公平だと何度も神を恨みましたよ」

そこで私はこうアドバイスしました。

「君の思考パターンが上昇を阻んでいる。はっきり言って君はゴルフを楽しんでいない。切実感を前面に押し出していくら努力しても良い結果は手に入らない。もっとゴルフを好きになる工夫をしなさい。そうすれば君はかならず上昇できる。君にはそれだけの才能がすでに備わっている」

そこで、彼にまず「月曜日はオフにしてゴルフのクラブは握らない」ことを宣言させた。それ以来、彼は月曜日にはゴルフクラブを置いて好きな釣りに出かけるようになった。実は、月曜日の血の滲むような練習が彼のスランプの元凶だった。

効果はすぐに表れた。1カ月もしないうちに、彼はたびたびトーナメントの上位に顔を出すようになった。ラウンド中の表情にも笑顔が見えた。その結果、2001年のシーズンに念願のツアーの初シード権を手に入れた。

もし、あなたが仕事を面白くないと感じていたら、仕事をつまらなくしているのは、「もっと頑張らなければ」というあなたの心構えにある。頑張りすぎが「燃え尽き症候群」を引き起こしてやる気をなくさせている。

ときには肩の力を抜き、仕事を忘れてリラックスしよう。そうすれば、きっとあなたは仕事が面白くなり、確実に成果を上げることができる。

4 「集中力は途切れるもの」と認識する

２０００年の全米プロゴルフ選手権で、ジャック・ニクラウスはタイガー・ウッズと一緒にラウンドする機会を持った。ラウンド後、ウッズの印象について聞かれたニクラウスはこう語っている。

「ショットが自分の意図したところをそれたとき、彼は2秒間だけ腹を立て、すぐにまた次に集中する。私も以前はそうだった」

集中力を長時間持続させることは、それほど簡単なことではない。ただし意識的に腹を立てたり、気分転換をすることによって、意外に集中力は持続する。大事なときに集中力が途切れたら致命傷になりかねない。だからチャンピオンは意図的に集中力を途切れさせて気分をリフレッシュする心理テクニックを身につけている。

将棋の谷川浩司棋士は集中力をコントロールする名人である。彼はプロ棋士としてすでに１４００回以上の対局を経験しているが、対局中、気の緩みは避けられないものであることをよく知っている。

並みの棋士は集中力を持続させることにだけ意識を払う。だから常に「集中力が途切れてはならない」という焦《あせ》りがある。「集中力が途切れることを認めようとしない」弱さがそこにある。

ところが、谷川さんはそうではない。「人間にとって気のゆるみは避けられない」というところからスタートする。そこに集中力を持続させるヒントが隠されている。

実は谷川さんには、どうしても忘れることのできない対局がある。それは平成4年の竜王戦の第4戦。相手は羽生善治棋士。

当時谷川さんは竜王位を含めて三冠を保持していた。羽生さんは王座と王位のタイトルを持っており、羽生さんがこのタイトルを奪うとタイトル数が逆転するという大事な対局であった。

第3局まで谷川さんが2勝1敗とリード。勝てば王手がかかる大切な一番である。この勝負も序盤から谷川さんが優位を守り、9分9厘勝利をものにしていた。羽生さんも形作り（プロが投了図をき

れいにするための準備）を始めていたほどである。

控室の検討でも圧倒的に谷川さんの優位と読んでいた。ところが、わずか一手の指し違いが流れを変え、羽生さんに大逆転されてしまったのだ。谷川さんにとって悔やんでも悔やみきれない一局になってしまった。そのときのことを振り返って谷川さんはこう語っている。

「必要以上に羽生さんを恐れ、勝ち急いだため、ほっとして『勝った！』と思った瞬間に自分の足を踏んで転んでしまったのである」（『集中力』角川書店刊より）

ミスが恐ろしいのは、そのミスによって相手が優勢になることだけに止まらない。たとえばそのときの勢いが60対40で自分に有利なときに小さなミスをして、勢いが55対45になったとしよう。まだ自分のほうが有利なのにもかかわらず、

「しまった。ミスをしたから相手に追いつかれる」という焦りが命取りになる。小さなミスにもかかわらずそれが心の余裕を失わせ、新たなミスを呼ぶ。結局ズルズルと相手のペースに引き込まれてしまい、敗北を喫してしまう。

大きなミスは身構えているから、よほどのことがない限り、回避することができる。問題は小さなミスである。「転ぶのは階段の大きな段差ではなく、わずか数センチの見

落としやすい段差」なのだ。小さい段差ほどつまずきやすいのである。

まず「集中とは途切れるもの」だという認識をもつことから始めよう。その上で自分なりの気持を切り換えて仕切り直しをするやり方を身につければよい。

小さなミスが命取りになることもあることを肝に銘じて、タイガー・ウッズのように、「2秒間だけ腹を立てて、素早く次の集中モードに移行する」ことこそ、集中力を持続させる貴重なテクニックとなる。

5 能率アップを妨げるものは排除する

集中力を高めることに努めるだけが、集中力を発揮する唯一の方策ではない。むしろ、「集中力を妨げるものを取り除く」という発想のほうが重要だ。

ＴＢＳの『世界ふしぎ発見！』などの人気番組を担当するアナウンサー草野仁さんは東京大学に入学したが、１年間浪人生活を送っている。どうして現役で入学できなかったかについて、彼はある番組でこう語っている。

「現役時代、私は典型的な『ながら族』でした。大好きな音楽を聴きながら勉強したために、能率が上がらなかったのです。現役での受験を失敗してからは勉強は勉強、音楽鑑賞は音楽鑑賞と区別しました。すると驚くほど勉強に集中できるようになりました。後になって『現役のときにこれに気づいていたらよかったなあ』と悔やんだものです」

「集中力を高める」というアプローチも大切だが、工夫して「集中できる環境づくり」を目指せばよい。

自宅の居間で本を読んだり、書斎で資料をまとめる時にはテレビは消してしまおう。集中力が高まって能率が上がるはずだ。テレビのニュース番組やドラマを観たかったら、ビデオ録画をして後から観よう。「時間は買える」のだ。

たとえば、夜のニュースを観たかったら録画してベッドにもぐり込み、翌朝いつもより1時間早く起きて観ればよい。6〜7時間遅れであれば、ニュースの鮮度は落ちていない。むしろ、早送りサーチ機能を活用して興味あるニュースだけを観ることにより、時間を買うことができる。

私はこの方法で前日録画しておいた1時間のニュース番組をビデオの高速サーチ機能を活用して翌朝20分に短縮して観る。この要領でニュースを観てその内容を把握するのも、集中力を鍛える格好のトレーニングになる。音がないため集中していないとなかなか理解できないが、慣れてくると通常の速度で番組を観るのがもどかしくなる。このやり方は時間を買うことができるだけでなく、集中力が自然に高まってあなたの頭を驚くほど鋭くしてくれる。

また、室温に敏感になって、自分にとって快適な温度を知っておくのも集中力を高める重要な要素となる。もちろん人間がもっとも心地よく感じられる温度が誰にでも最適かというとそうでもないからだ。

私の場合、普通の人が快適な18～24度という温度を極力避けるようにしている。なぜなら、この室温では快適過ぎて眠気を催し、逆に能率が低下するからだ。夏は暑さを楽しみながら、冬はいくぶん寒さを感じながら仕事をするのが、私は大好きである。

アロマテラピーにも気を配りたい。アロマテラピーの専門店に立ち寄ってお気に入りの芳香剤を買い求めて居間や書斎に置いてみよう。私は「お香」を焚きながらワープロやパソコンの前に座る。すると、集中力が簡単に高まることに気づく。

日本の企業はまだまだ仕事における環境整備に無頓着である。いくら良い人材を集めても、劣悪なオフィスの環境の中で良いアイデアが出てくることはない。

少なくともあなた自身が快適な環境づくりに敏感になって、積極的に能率を高める工夫をしてみよう。そうすれば、あなたはかならず仕事で評価されるようになる。

6 ストレスと回復のバランスを

私を「スポーツ心理学」の世界に導いてくれた、アメリカを代表するスポーツ心理学者ジム・レアー博士は、集中力を最高に保つためには「ストレス」と「回復」のバランスをとることと説いている。

博士は「ストレス」と「回復」は銀行の預金口座のようなものだと主張している。口座の残高がマイナスにならないように、昼間の仕事のストレスによって引き出されたエネルギーを「回復」によって入金しておかなければならない。

口座に預金があり過ぎても、あるいは残高が大きくマイナスになっても、集中力は発揮できない。最高の集中力が発揮できるのは口座の残高がほぼゼロに近いときであることを彼は発見した。

預金があり余っている状態とは、ストレスが少なく、回復に時間を使い過ぎている場合をいう。ゴールデンウィーク明けや月曜ボケがその典型例だ。人間は、ストレスの量に比べて回復の量が多過ぎると怠惰になるようにできている。

もちろん、預金が大きくマイナスに振れると、深刻な問題を引き起こす。働き過ぎは著しい集中力の低下をもたらし、時間当たりの能率を阻害する。

私の友人の銀行マンは、月間平均残業時間が100時間を越える生活を半年以上も過ごしたため、ある日突然狭心症を発症し、病院に担ぎ込まれた。彼の場合、幸い一命は取り留めた。しかし、働き過ぎはいつ「突然死」が訪れてもおかしくない。だいいち、そんな状態で良質の仕事なんかできるわけがない。

あなたのストレスレベルが高ければ、それに見合うだけ回復レベルも高水準でなければならない。概して、良質の仕事で成功している人は「ストレスレベルも高く、回復レベルも高い」という共通点がある。

レアー博士はその著書『スポーツマンのためのメンタル・タフネス』（阪急コミュニケーションズ）のなかで、3種類の「ストレス」と「回復」に分類している。それらは「肉体的」、「精神的」、「感情的」である（次ページ参照）。これらはスポーツ選手のための「ストレス」と「回復」であるが、ビジネスマンにもそのまま適用できる。

3種類のストレス

肉体的ストレス	精神的ストレス	感情的ストレス
・走る	・考える	・怒りを感じる
・ボールを打つ	・集中する	・不安を感じる
・ジャンプ	・なにかに的を絞る	・悲しみを感じる
・ウェイトリング	・ビジュアライゼーション	・憂鬱を感じる
・歩く	・創造する	・ネガティブに感じる
・身体を動かす	・分析する	・イライラを感じる
・エクササイズ	・問題を解決しようとする	・打撃を感じる

3種類の回復

肉体的回復	精神的回復	感情的回復
・身体の安堵を感じる（飢え、乾き、眠気などの軽減） ・食べる ・飲む ・眠る ・仮眠をとる ・心拍数を落ち着かせる ・呼吸を落ち着かせる ・筋肉の緊張を減らす（もっと肉体的にリラックスする）	・精神的安堵を感じる ・落ち着きを増す ・精神的にもっとのんびりする ・空想を増やす ・集中を減らす ・創造力を増やす ・無意識の創造力を増やす ・脳の活動をゆっくりさせる	・感情の安堵を感じる ・ポジティブな気持ちを増やす ・恐怖と怒りを減らす ・喜びと楽しみを増やす ・安全感や安心感を増やす ・自尊心を増やす ・個人的達成感を増やす

注：『スポーツマンのためのメンタル・タフネス』
（ジム・レアー著　TBS ブリタニカ刊）より著者が表にしたもの

ストレスと回復の量に関しては、1日単位で帳尻を合わせることが不可欠なのだ。多大なエネルギーを消費した日には、その日のうちにエネルギーを回復する。レアー博士の研究をヒントにして、私は仕事におけるストレスと回復に関する「ストレスチェック専用シート」を開発した（次ページ参照）。

毎日、就寝前の5分間を利用して、この専用シートをチェックする習慣をつけることをお勧めしたい。その日「ストレス過多」であれば、睡眠時間をいつもより多くとり、「回復過多」であれば、睡眠時間を減らして翌日1時間早起きしてみよう。

この専用シートが、仕事を「集中モード」に導いてくれ、大きな能力をあなたに与えてくれるはずだ。

日付200__年__月__日

ストレスチェック専用シート

ストレス（エネルギー口座の出金）

残業時間

残業なし	0点	1～2時間未満	1点	
2～3時間未満	2点	3時間以上	3点	____点

仕事の難易度

とても簡単	0点	やや困難	1点	
かなり困難	2点	とても困難	3点	____点

人間関係

問題なし	0点	小さな悩みあり	1点	
悩みがある	2点	悩みが大きい	3点	____点

体調面

体調が良い	0点	まずまずの体調	1点	
体調が良くない	2点	最悪の体調	3点	____点

精神面

とても良い	0点	まずまず	1点	
あまり良くない	2点	最悪	3点	____点

合計______点

評価

ストレス

10点以上　あなたはいつ突然死してもおかしくありません

7～9点　積極的に休息をとりましょう

4～6点　あなたのストレスレベルは理想的です

3点以下　もう少しストレスを抱えたほうが効率が上がります

日付200__年__月__日

回復チェック専用シート

回復（エネルギー口座の入金）

睡眠時間

4時間未満	0点	4～6時間未満	1点	
6～8時間未満	2点	8時間以上	3点	____点

昼間のうたた寝

なし	0点	15分未満	1点	
15～30分未満	2点	30～60分	3点	____点

食事の充実度

まったく不規則	0点	朝食抜き	1点	
三食とった	2点	三食が充実	3点	____点

運動面の充実度

まったくなし	0点	運動で歩くのみ	1点	
活動的にすごす	2点	十分運動した	3点	____点

アフターファイブの充実度

最悪	0点	あまり良くない	1点	
まずまず	2点	とても良い	3点	____点

合計____点

評価

回復

13点以上	回復に意識を注ぐあまり、能率の落ちる恐れがあります
10～12点	あなたの回復レベルは理想的です
6～9点	もう少し回復レベルを高めてみましょう
5点以下	もっと人生を楽しまないと寿命を縮めることになります

7 「集中力モニターカード」を利用して

集中モードになるには、日ごろから自分の「集中モード」の感覚に敏感でなければばならない。たとえばゴルフ練習場でボールを打ち込めば、スイングは次第に安定するようになる。集中してショット練習をくり返すことにより、脳がより洗練された運動記憶のプログラムとして刷り込んでくれるからだ。

それと同じように、日常生活をしっかりモニターすることにより、あなたは確実に集中モードに敏感になれる。

次ページに私が作成した「集中力モニターカード」が掲載してある。ベッドに入る前のリラックスした時間を利用して1日を振り返って前ページに示した「ストレスチェック専用シート」とともにこのカードに記入していこう。

集中力を高めるには、自分の日常生活をその方向に導く意欲がなければならない。あなたの1日の行動を検証して、自分をポジティブに変えていく誘導装置の役割を果たすのがこの専用シートである。

「真実の自分」を知って「より良い自分」に変えていく。それを集中力という視点から変えていこうというのがこの専用シートの最大の目的である。

それでは記入法について簡単に解説してみよう。

まず、この用紙をコピーしよう。1日を振り返って素直な気持で「真実の自分」について評価してみよう。この専用シートはあなたしか見ないわけだから、ありのままの評点をつける態度があなたに求められる。

項目に対して「いいえ」なら1を、「はい」なら10を○で囲めばよい。その中間は程度に応じて2から9に○をつけよう。

最後に備考欄に今日の反省を手短に記しておこう。

つけ終わったら点数の低いほうから3項目の最初の数字を◎で囲もう。翌日はその3項目に絞り込んで、できるだけ高い得点をとれるような行動を起こせばよい。

集中力をキーワードにして日常生活を点検する。「集中力モニターカード」があなたの日常生活を集中モードに引き上げてくれる。

日付200__年__月__日

集中力モニターカード

	いいえ									はい
1．精神的に安定していた	1	2	3	4	5	6	7	8	9	10
2．仕事が楽しかった	1	2	3	4	5	6	7	8	9	10
3．楽観的であった	1	2	3	4	5	6	7	8	9	10
4．やる気に満ちていた	1	2	3	4	5	6	7	8	9	10
5．時間が早く過ぎた	1	2	3	4	5	6	7	8	9	10
6．忍耐心が旺盛だった	1	2	3	4	5	6	7	8	9	10
7．悩みがなかった	1	2	3	4	5	6	7	8	9	10
8．食欲旺盛だった	1	2	3	4	5	6	7	8	9	10
9．リラックスしていた	1	2	3	4	5	6	7	8	9	10
10．体調が良かった	1	2	3	4	5	6	7	8	9	10

備考欄

Part 2

イメージ・トレーニングと直感

8 「自己イメージ」が勇気を生む

ほとんどの人が「自分は平凡な人間だ」と決めつけて、日常のルーティーン・ワークに埋没してしまっている。その結果、目の前の仕事を淡々とこなすだけで、かけがえのない貴重な人生を実りなく終わらせてしまっている。

しかし、冷静に考えてみれば、私たちは唯一無二の存在であり、その気になりさえすれば、どんな人間にもなることが可能なのだ。自分のやりたいことを見つけて即実行する。これこそ、集中モードをマスターするもっとも手っとり早い方法である。

たとえば、こんなメッセージを毎朝ベッドの中で2、3回唱えてみよう。

- 私はどんな才能でも身につけることができる
- 私はどんな言語でもマスターできる
- 私はどんな楽器でも扱うことができる

●私はどんなビジネスでも始めることができる
●私はどんな人にも会うことができる
●私はどんな場所へも訪れることができる
●私はどんな夢でも実現できる

人間は、どんなことでもマスターできるようにつくられている。ただし、「その気になりさえすれば」という条件がつく。簡単にあきらめてしまっているのは、外的な要因ではない。やりたいことを不可能にしてしまっているのは、あなた自身の心である。

私の大好きなジョン・キーオの言葉がある。

「ひと粒のトマトの種には、トマトになるというたったひとつの可能性しかない。バラはバラになること以外、何もできない。その運命はたったひとつの現実のなかに閉じ込められている。しかし、あなたには無限の可能性がある。『なりたい自分』の種子は、すべてあなた自身の中にある」

今、自分のやりたいことがすぐに頭の中に浮かんでくるか？

それをすることによって発生する問題点を克服することができるか？

それをマスターすれば、あなたは今よりも幸福になれるか？

これら3つの問いにすべて「はい」と答えることができるのなら、断固とした決意を持って今日から始めよう。ただし、どうせやるならなんとしても成功させなければならない。いくらやりたい欲望が強くても、あなた自身や家族が幸福にならなければやる価値はない。

やりたいことを実現させるには、「自信」を持つことである。自信こそ集中力を高め、行動を成功に導く原動力となる。あなたがもっともやりたいことを一つだけノートに書き込んで、いますぐその実現に向けて一歩を踏み出そう。

人生はあなたが考えているほど長くない。死の床に臥したとき、「あのときやりたかったことをやっておけばよかった」と悩んでも、もはや手遅れなのである。

勇気を出して今一番やりたいことを実現するための行動を始めよう。それがあなたの集中力を高める大きな武器となる。

9 「最高の自分」を脳に刻み込む

私は多くのプロスポーツ選手のメンタル面をバックアップしてきたが、「最高の自分に出会うトレーニング」が彼らの活躍を支えている。

なかでもプロゴルファーのTプロは、「最高の自分に出会うトレーニング」により、集中力が驚くほど高まり、スコアも急速に改善された。

それでは簡単なトレーニング法を解説してみよう。

まず最初に、私は彼に「最高の自分のプレーシーン」をノートに書き出させた。

- 300ヤードのドライバー・ショットをフェアウェイのセンターに打ったときのシーン
- 第2打がピンそば30センチにピタッと寄ったシーン
- 10メートルのロングパットでボールがカップに沈み込むシーン

次に、自分が実際に体験したこのような過去の成功シーンを描くことを彼は繰り返した。その結果、彼は2000年のプロトーナメントでみごと優勝した。

このトレーニングに関して、彼はこう語っている。

「最初は半信半疑でこのトレーニングを繰り返していました。すると、いつのころから、自信を持ってショットしている自分に気づいたんです。どんなピンチのときにもやる気がなくなったとき、疲労困憊しているとき、イメージのなかの最高の自分に会いに行けばよい。最高の自分はいつもエネルギッシュでやる気に満ちあふれている。

『最高の自分』をイメージに思い浮かべるだけで、元気になれる自分を発見したのです」

もちろん、集中力も最高レベルに高まっている。そんな自分をイメージのなかによみがえらせることにより、身体にエネルギーがみなぎり、やる気があふれてくる。

もちろんこのトレーニングはプロスポーツ選手だけのものではない。私は彼らのトレーニングプログラムを応用したトレーニングメニューを開発してビジネスマンに指導している。

ここで、そのやり方について簡単に解説してみよう。以下に挙げるシーンを具体的なイメージとして脳裏に描くだけでよい。

- ●過去に体験した最高の瞬間
- ●困難をみごとに切り抜けて歓喜に浸っている自分の姿
- ●最高にリラックスしている瞬間

できれば、右に述べた具体的なシーンをノートに書き出してみよう。お気に入りの音楽をバックグラウンド・ミュージックにしながら、リラックスした状態で目を閉じて、数分間かけて最高の自分の姿をできるだけ鮮明に描いてみよう。

10「ピーク・パフォーマンス」の感覚とは？

アメリカの心理学者チャールズ・ガーフィールド博士は、過去20年以上にわたり、世界中の何百人というトップクラスのスポーツ選手とそのトレーナーに、インタビューをして「最高の瞬間とはどういう感覚なのか」について解明を試みた。

次ページに彼が作成した「ピーク・パフォーマンス」羅針盤を紹介しておこう。ガーフィールド博士によると、最高のパフォーマンス状態のとき、感覚は常に肯定的で、意識は「現在」に集中しているという。パフォーマンスが低下するに従い、感覚は否定的になり、意識も過去や未来に移行してしまうというのが、あらゆるレベルの選手にとって共通の心理状態であるという。

博士がこの図で表現しているエネルギーとは、身体的なエネルギーを指すのではなく、「情熱」とか「やる気」といった心的エネルギーのことをいう。

パフォーマンスレベルが高ければ高いほど、心的エネルギーも高いレベルにあること

ピーク・パフォーマンス感覚の評価シート

カテゴリー	0	1	2	3	4	5	6	7	8	9	10
1．精神的にリラックスしている											
2．身体的にリラックスしている											
3．自信がある/楽観的である											
4．現在に集中している											
5．高いエネルギーを出している											
6．非常に高い認識力											
7．コントロールしている											
8．「繭」の中にいる											

ピーク・パフォーマンスの羅針盤

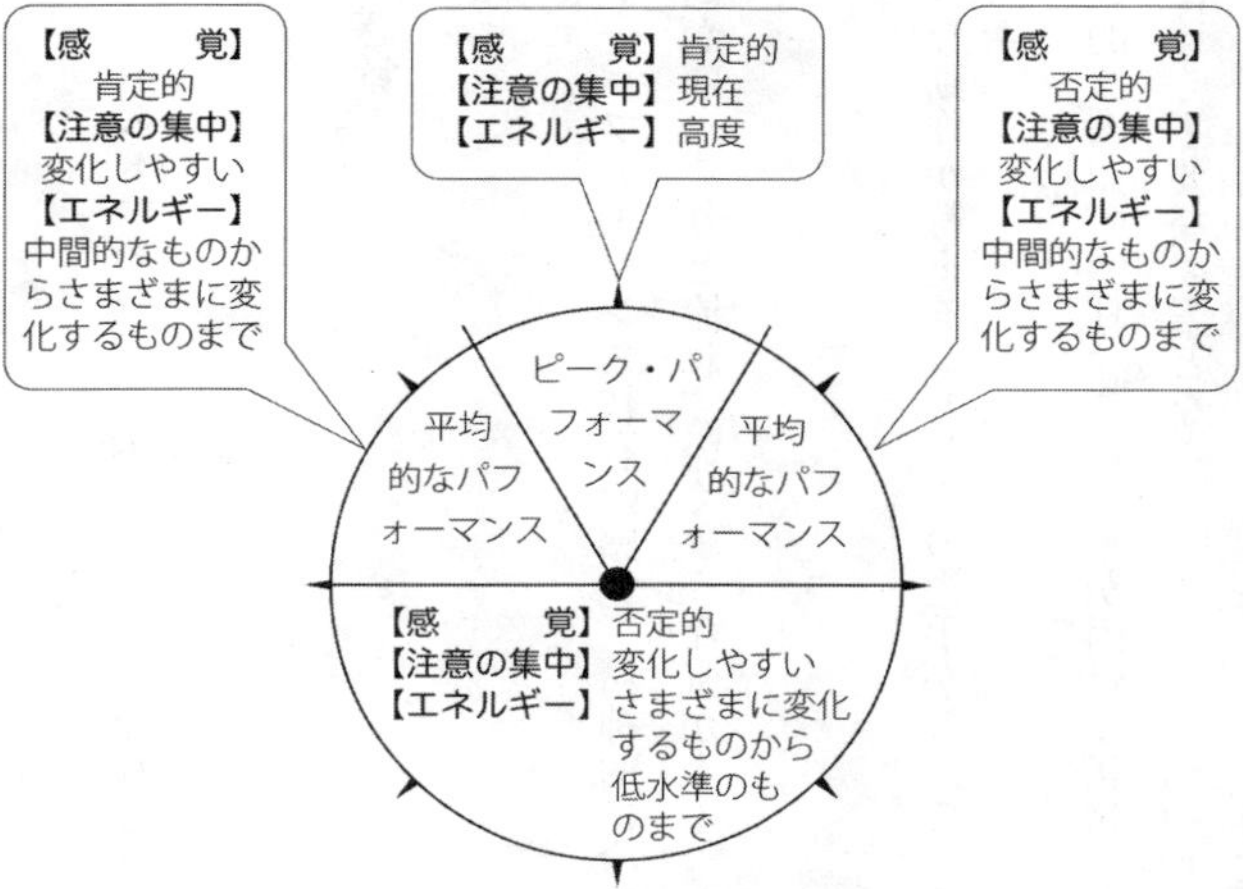

チャールズ・ガーフィールド著『ピーク・パフォーマンス』（ベースボールマガジン社）より

を解明している。

彼はまた、「ピーク・パフォーマンス」特有の8つの感覚を示している。それぞれの感覚について簡単に説明してみよう。

★ピーク・パフォーマンス特有の8つの感覚

①精神的にリラックスした感覚
もっとも多くの回答が得られたピーク・パフォーマンス特有の感覚。精神的に冷静であり、なかには、この感覚を「時間がゆっくりと流れていくような気がする」と答えている選手もいる

②身体的にリラックスした感覚
筋肉がリラックスし、しなやかで正確な動作が行える、と多くの選手が答えている

③自信に満ちた楽観的な感覚
うまくやれるという自信に満ちた楽観的な内面の感覚。この感覚が困難な状態にあってもみごとに克服して自分を成功に導く主要な要素となる

④現在に集中している感覚

過去や未来についての一切の考えや感覚を持たず、現在に集中している状態。理論的、分析的な考えは浮かび上がらず、すべての動作が努力することなく自動的に起こるような感覚

⑤高度にエネルギーを放出する感覚

喜び、絶頂感、激しさ、パワーというものが身体に満ち溢れている感覚

⑥異常なほどわかっている感覚

自分の身体と周囲の選手のことが鋭くわかっている感覚。この感覚は現在に集中している感覚と深く関連している

⑦コントロールしている感覚

潜在意識によってコントロールされ、すべてが正しい動きをし、その結果が自分の意図した通りになるという明確な感覚

⑧「繭」の中にいる感覚

不安や恐怖から解放された心地よい感覚

では、前に掲載した「ピーク・パフォーマンス感覚の評価シート」を実際に使用してみよう。

それぞれの感覚の横のもっとも当てはまる水準の空欄に○をつけよう。最高の状態が10で最悪の状態が0であることは言うまでもない。できれば、このシートをコピーして手帳の中に数枚忍ばせておき、毎日昼休みにチェックする習慣をつけておこう。

11 直感とひらめき

論理的思考に関する本が大はやりである。論理的思考は人間関係を円滑にしてくれたり、企業の中でうまく立ち回ったりするためには必要かもしれない。

ただし、論理的思考をいくら洗練させても革新的なものは決して生まれてこない。

理性、論理、分析といった本来左脳によって処理される概念の対極にあるのが、「直感」、「ひらめき」という右脳によって生み出される神秘的感覚である。

ここで、論理的思考の特徴を整理しておこう。

●思考パターンは線型である
●起承転結というステップを踏む
●かならず生み出せるという確証がある
●生み出すのに時間がかかる

いっぽう、直感やひらめきの特徴は対照的だ。

- 思考パターンは非線型である
- ほとんど脈絡がない
- 新しいものが生まれるという確証はない
- 瞬時に発生する

集中力が必要なのは、論理的思考よりも直感的思考のほうだ。集中力を発揮して直感的思考を働かせたからといって、「ひらめき」が生まれるという保証はない。ただし、「ひらめき」が生まれるときのエネルギー源が集中力であることには間違いない。

私の大好きなモーツァルトの言葉がある。

「馬車での遠乗り、食後の散歩、眠れぬ夜など、ひとりぼっちながら楽しい気分で過ごしているようなときには、最高のアイデアがこんこんとわいてきます。しかしそれがどこからどのようにしてあらわれるのかわかりませんし、意図的にひねり出そうとしても無理なのです」

直感とは、心を内面に向け、「心の海」の深層部に潜む意識を海面に引き上げる作業であると、私は考えている。自分と向き合って高い集中レベルで、ただひたすら「深い思考」を積み重ねる習慣を日常生活に組み込めば、ちょうどモーツァルトのように、ある瞬間、心の海の底に眠っていた「ひらめき」が突然浮かび上がってくる。

モーツァルトは次のようなことも手紙にしたためている。

「譜面にする作業は、またたく間に終わります。というのも、すでに全部でき上がっているからなのです。こうして書き上げたものは、頭の中にあったものとほとんど違わないのです」

ひらめいた瞬間、たとえその場所が食事中であろうと、浴槽の中であろうと、浮かび上がったものを絶対に逃してはならない。手元にメモ用紙とボールペンを置く習慣をつけて、そのアイデアを書き込もう。いったんそれを逃がしてしまうと、ふたたびそれは深い心の海の底に沈み込み、海面に上がってくるという保証はまったくない。

直感を働かせてひらめきを浮かび上がらせて形に残してしまおう。それが集中力を高める格好の訓練になるだけでなく、あなたに貴重なひらめきをプレゼントしてくれる。

12 直感を磨く7つの習慣

過酷な成果主義の時代に突入して、「勘の悪いビジネスマン」は、リストラされていく運命にある。

私は多くのビジネスマンに「直感を磨く習慣」を提唱している。直感を磨くことによって集中力は研ぎ澄まされ、あなたに新しい能力を与えてくれる。

以下に述べる「直感を磨く7つの習慣」の中から気に入ったものを選んで毎日励行してほしい。それだけで、あなたの直感は磨かれ、簡単に集中力を手に入れることができる。

★「直感を磨く7つの習慣」

①新聞や雑誌の写真の解説を予測する習慣

新聞の写真だけを見て、その下の解説文を予測してメモ用紙に書き込もう。その後どの程度実際の解説文と合致しているかをチェックしてみよう。

②電話を予測する

電話がかかった瞬間、誰からかかってきたかを即座に予測してみよう。たとえば、「この電話は営業部の田中君からだ」と声に出してから、携帯電話のディスプレーに浮かんだ電話番号をチェックすればよい。

③音を消してテレビを観る

音を消してニュース番組を観よう。どんなニュースかを予想しながら、可能ならメモ用紙に記入すればよい。できれば、ビデオで録画して後からもう一度音を流して番組の内容を確認するとよい。

④推理小説の犯人を予測する

推理小説を読みながら、できるだけ早い段階で犯人を当ててみよう。予測できた段階でメモ用紙に本のページと犯人の名前を記入しておこう。

⑤スポーツ観戦の途中でスコアを予測する

テレビでサッカーやプロ野球の実況中継を観戦しながら、最終スコアと勝利チームを予測してみよう。できれば、ゲームの開始前、前半が終了したとき、ゲームの4分の3が終了した時点での予想をメモしておこう。

⑥競馬や株価を予測する

それほど競馬に興味がなくても、テレビの競馬中継にチャンネルを合わせてパドックの馬を見ながら1着になる馬を予想してみよう。あるいは、新聞の株式欄を見て、知っている会社の翌日の株価の終値を予測してみよう。

⑦同僚の服装を予測する

たとえば、社内の仲のよい同僚のネクタイやスカートの色を出社前に予測してみよう。普段見慣れている人の趣味や嗜好を無意識に脳に入力しているわけだから、勘が冴えれば案外よく当たることがわかる。

以上述べた「直感を磨く7つの習慣」を積極的に日常生活の中に取り込もう。そうすれば、「勘のよいデキるビジネスマン」に変身ができる。

13　4段階の集中レベル

武道の精神は、厳しい練習をして最高レベルの集中力を養うことにある。ここで、私の大好きな武道の精神を説いた言葉を紹介しよう。

「およそ武道においては、千日の稽古をもって初心とす。万日の稽古をもって極めとす」。この精神は武道だけにとどまらず、あらゆるスポーツに適用できる。「スポーツ禅」こそビジネスマンにとって簡単に実行できる集中トレーニングである。

「走る禅」、「歩く禅」、「投げる禅」、「打つ禅」、「跳躍禅」といったスポーツを通して心を無にして最高レベルの集中力を発揮する。これは現代人にとって求められている必要不可欠なトレーニングである。

心をどこに置くか。そのことの大切さをこれらのスポーツ禅は実体験として私たちにわかりやすく教えてくれる。

ベストセラーになった『インナー・テニス』の著書、T・ガルウェーは集中のレベルを4段階に分類している。これを次に示す。これらの集中のレベルに関して、簡単に説明を加えよう。

★4段階の集中レベル

①知覚

最低レベルの集中度。外界から絶え間なく侵入してくる情報を知覚する段階では、それほど高いレベルの集中は得られない。

②注意

知覚する多くの情報のなかから一つの情報を選択して意識を向けること。この状態で、比較的高い集中度が得られる。

③精神集中

一つの情報に意識を向けることができたら、今度は一定の時間その情報に意識を集中させるのがこのレベル。この状態を維持することでより高いレベルの集中度が得られる。

④一点への精神集中

この状態は、一点に意識を絞り込む最高レベルの集中を指す。チャンピオンは大事な局面において、自動的にこのレベルの精神状態に引き上げる能力を身につけている。

以上、述べた4段階の集中レベルを状況に応じて自由自在に操ることができれば、間違いなくあなたは「集中力の達人」の仲間入りができる。

ここに沢庵和尚が著した『不動知神妙録』(徳間書店)という本がある。その中から集中の極意について述べている箇所を紹介しよう。

「諸仏不動智という言葉があります。不動とは動かないということ、智は智慧の智です。動かないといっても、石や木のように、全く動かぬというのではありません。心は四方八方、右左と自由に動きながら、一つの物、一つの事には決してとらわれないのが不動智なのです」

心を自由自在に動かして、一カ所にとどまらない。これも集中力なのである。ちょうどパイロットの離着陸における心理状態がこれにあたるだろう。

侍が真剣勝負に臨んだとき、心が一カ所にとどまると、その侍は相手に切られる運命にある。たとえば、10人の敵が一太刀《ひとたち》ずつ、こちらに浴びせかけてきたとする。このとき、一太刀一太刀を同じように受け流すなら、10人に対して、立派に応戦できるのである。

一点への精神集中レベルを保ちながら、それを自由自在に動かす。これがチャンピオンの集中力というものである。身体を動かしながら、心だけは一点に集中させることを体験する。あるいは、一人きりになったとき、たっぷり時間をとってもう一人の自分と対話してみよう。

そうすることで心を自由自在に動かす能力を身につけることができる。

14「サクセス・メッセージ」を作ろう

私はこれまでに多くのプロスポーツ選手やビジネスマンの能力開発プログラムを実践してきた。そのなかでも、自分の肉声を録音して新しい習慣をスタートさせる「サクセス・メッセージ」は大きな効果を上げている。

自分の肉声で自分自身に語りかける。これほど強力な武器を私たちは今までどうして使わなかったのだろう。

このメッセージを毎日最低5回聴くことにより、2~3週間後には、驚くほど実行力が身につくようになる。その理由は、自分自身の肉声によるメッセージを脳に入力することにより、自動的にしっかりと潜在能力に組み込まれるからだ。

サクセス・メッセージのつくり方は簡単である。心地よいBGMを流しながら、あなたが作成したメッセージを録音するだけでよい。

ここでは、私が作成したセールスとダイエットの2種類のメッセージ例を紹介しよう。このメッセージの空欄にあなたが目標とする数字を書き込んで録音すればよい。

ＢＧＭの選択に迷ったなら、モーツァルトの曲をお勧めする。きっと最高のリラックス状態を得られるはずだ。

高速学習の世界的権威であるブルガリアのロザノフ博士らの実験データによると、ラルゴのリズム（1分間に60ビート）のバロック音楽がもっとも高速学習に適した音楽であることが証明されている。

「のんびり屋のブルガリア人にとってはバロック音楽が最適なら、せっかちな日本人にとってはバロック音楽よりも少しアップテンポなモーツァルトが好ましい」と私は考えている。バロック音楽の典型であるバッハの曲を聴くと、日本人にはテンポが遅過ぎて居眠りが始まるからだ。

もちろん、モーツァルト以外でも、あなたがリラックスできるお気に入りの音楽ならなんでもよい。ただし、ロックや歌詞の入った音楽は避けよう。あくまでも、メッセージを聴くことが主体なのだから……。

一度サクセス・メッセージを作ったら、最低１００回聴くまではメッセージの内容を変更しないでおこう。つまり、1日5回聴くとして最低3週間は同じメッセージを繰り返し聴けばよい。

そうすれば、行動パターンを支配する脳の領域にそのメッセージが刷り込まれて、無意識にメッセージ通りの行動ができるようになる。

1 ダイエットのメッセージ例

私の（　）月（　）日現在の体重は（　）キログラムだ。（　）月（　）日には、私の体重はかならず（　）キログラムに減少する。なぜなら、これから語ることを、私はかならずやり遂げる自信があるからだ。

私は週（　）回、（　）キロのジョギングを実行する（あるいは、あなたに体力の自信がなければ、週（　）回、（　）キロのウォーキングでも構わない）。

同時に1日に摂取するカロリーを現在の（　）キロカロリーから（　）キロカロリーまで落とす。肉類の摂取を極力控えて、野菜や果物の摂取量を増やす。

私は間食は決してしてないし、午後10時以降には、一切食物を口にしない。私は（　）月（　）日までになんとしてもこの習慣の実行を貫き通し、体重（　）キログラムを達成する。

2セールスのメッセージ例

私の先月の売上実績は（　）万円だ。今月はなんとしても（　）万円を達成する。そのためには、得意先の訪問件数を（　）軒から（　）軒に増加させる。そして、先月よりもたくさんの得意先の人たちに電話をかける。私はセールスが大好きだ。だから、どんな人とも楽しく話をすることができる。私はセールスに向いている。情熱を持ってセールスにあたる。これが私の最大の喜びである。

今まで実行しなかった（　）を新たに実行してセールスの売上アップに努める。私は、今月かならずこのセールス目標を達成することができる。

自分の肉声による具体的なサクセス・メッセージをくり返し聴覚に入力することにより、その情報は、他のどんな教材よりも高くなる。

あなたの肉声で吹き込んだサクセス・メッセージを聴く習慣が、あなたの目標を簡単に実現してくれる。

Part 3

「やる気」を生むコントロール術

15 大切な業務にたっぷり時間を割く！

今やインターネットを使えば、何日間も手間ヒマかけて収集していた情報が、瞬時にしかも無料で手に入る。eメールを利用すれば、電話で長話をして無駄な時間を費やすこともない。

仕事の能率が向上したのだから、過去と同じ成果を上げるなら、当然勤務時間は減少してもいいはずだ。しかし、残念ながら現実はそんなに甘くない。むしろ、勤務時間は増えている。ある調査機関の分析によると、1990年代のアメリカのビジネスマンの勤務時間は20年前と比較して年間138時間も多いという。

便利になったことによって獲得するものもたくさんある反面、失うものも多いことを私たちは忘れてはいけない。業務の処理速度のことばかり考えていると、仕事の質の低下は避けられない。

本来、人間の持つ集中力とは、たっぷり時間があるときに発揮できるようにつくられている。あなたにこんな経験はないだろうか？

昼休みを終えてデスクに戻ると、突然上司があなたに駆け寄って、分厚い資料を差し出しながらこうささやく。

「明日の部長会議で急に営業報告をしなければならなくなった。すまんが、なんとか今日中にこの資料をまとめてくれないか？」

結局夜の11時までかかってあなたは資料をまとめるハメになる。集中力を発揮したつもりでも、「やっつけ仕事」の域を出ず、結局良質の仕事は望めない。しかも翌日はこの仕事のせいで体調不良におちいり、肝心の仕事の能率はまったく上がらない。

限られた時間に仕事を仕上げるときの集中力は本物ではない。ほんとうの集中力とは、たっぷり時間を確保して、最高レベルの仕事に仕上げるときに発揮されるべきものである。

あなたは「ｋａｒｏｕｓｈｉ」という英語の意味を知っているだろうか？　「働き過ぎによる死」という意味である。日本発の「過労死」という言葉は、英語としてすでに一人歩きして

いる。

日本人が働き過ぎだというが、実はアメリカのビジネスマンはもっと働いている。彼らが1日17時間働いたり、休日出勤したりするのは当たり前。日本円に換算して年収1億円以上のビジネスマンも珍しくなくなったアメリカでは、高給の代償として睡眠時間以外のほとんどの時間を会社に捧げている人間はたくさんいる。

マンハッタンでは、朝一番にオフィスに着いた清掃会社の従業員が、口に夜食のサンドイッチをくわえたまま、自分のデスクで冷たくなっているビジネスマンを見つけることがあるという。

こんな悲劇に見舞われないために、もう一度仕事の仕方を見直してみよう。ほんの数十年前までは一つの仕事にたいして報酬が支払われていた。しかし、今は1時間いくらで給料が支払われる仕事が幅を利かせている。

限られた時間にできるだけ多くの仕事量をこなすことが要求されるあまり、仕事の質の重要性は認識されているにもかかわらず、隅に追いやられてしまっている。最重要テーマに関する仕事を最高レベルの質に仕上げるには、まず本来の集中力を発揮することのできる物理的時間をたっぷり確保することから始めよう。同時に、eメールやインターネットとの付き合いをほどほどにして、あなたにとってもっとも大切な仕事にたっぷり時間を費やす決意をしよう。

仕事時間は日常のルーティン・ワークによって汚染され、どんどん膨張していく危険性をはらんでいる。あなたに課せられた最重要テーマの仕事時間を侵食しないようにいつもスケジュールを監視していなければならない。

あなたの価値を決定する最重要の仕事にたっぷり時間を割いて、その仕事を最高レベルのものに仕上げよう。そうすればあなたも「仕事の達人」の仲間入りができる。

16 目覚めの生き生きした脳を活用

私がこれまで会った、多くの企業のトップの共通点の一つに「彼らのほとんどが朝型人間である」という事実がある。毎朝午前5時に起きて、出社までにひと仕事を済ませてしまう企業経営者を探すことはそれほど難しくない。

私たちが「沈思黙考」できる唯一の時間はおそらく早朝であろう。私が好んで早朝を選んで原稿を書くのも、そのためである。目覚めた朝の脳は冴えている。だから文章がスラスラと頭の中に浮かび上がってくる。そんな理由から、創作活動のためのよりよい環境を求めて、私は「沈思黙考」のできる早朝の時間に逃げ込むのである。

私は特に何もない限り、午後11時に寝て午前5時に起きるという日課をもう10年以上も続けている。私にとって、誰にも妨害されることのない早朝の2〜3時間は集中力が持続する大切な時間帯である。

集中力の威力はたんに仕事の質を高めるだけにとどまらない。同じ仕事を短時間でやり遂げたいときも集中力は大きな武器となる。

多忙なスケジュールのために、自分の時間がつくりだせないと真剣に悩んでいる大手銀行に勤めている友人がいる。そこで、私は彼の日課を丹念にチェックしてみることにした。

彼の平均的な日課はこうである。朝7時に起床して7時30分には家を出る。朝食をとる時間は10分ほどしかない。トーストとミルクを慌ただしく口に運びながら慌てて家を飛び出すという。これでは午前中に質の高い仕事はできそうもない。

彼の仕事は法人営業である。昼間はほとんど外回りの営業活動をして、7～10件のアポイントをこなす。夕方にはオフィスに戻り、それから報告書をまとめて退社するのはいつも午後9時過ぎ。だから帰宅する時間はどうしても午後10時を過ぎる。

家に帰ると、彼はまず風呂に入り、それから夕食をとる。その後ウィスキーの水割りを飲みながら、テレビでその日のニュースを見るのが唯一のリラックスタイムであるという。ベッドに入るのはたいてい午前0時過ぎ。こんな日課が月曜日の朝から金曜日の朝まで続く。当然、週末の午前中はベッドに潜りこんだまま。午後もほとんど外出せずにテレビや新聞を見て過ごすという。

そこで、私は彼にこうアドバイスした。

「午後11時過ぎにはベッドに入り、午後5時起きの生活パターンに変えてみたらどうだろう。そうすれば早朝に2時間の自分時間が創出できるよ」

睡眠時間を6時間に設定して熟睡する。そして創出した朝の2時間をうまく活用して、冴えた頭脳でアイデアを練ればよい。あるいは読書をするのもよいだろう。

なかには朝の時間に家で仕事をすると収入に結びつかないと主張する人がいるかもしれない。

朝の2時間に無償で仕事をしているという発想を捨て去ろう。他の人間が昼間に8時間分の仕事をしているときに、自分は10時間かけて良質な仕事をしていると考えればよい。それを会社が評価しないわけはない。

彼は私のアドバイスでみごとに朝型人間に変身した。これだけで年間50週で250日、500時間を創出できたのである。しかも昼間の脳が活発に働くために、退社時間も平均1時間早くなり、会費だけ払い休眠会員同然だったフィットネスクラブにも再び通い出したという。

大脳生理学の実験データでも、人間の脳は眠りから覚めた最初の3時間が最もよく働くことがわかっている。

アメリカのアーネスト・ハートン博士の研究によると、睡眠時間で性格まで変化するという。

たとえば、一晩に6時間以下の短い睡眠で十分な人には――

①精力的 ②野心的 ③外向的 ④決断力に富む ⑤処世術に長《た》けている ⑥愚痴を言わない ⑦あまり不平不満を抱かない、といった性格の人が多いという。

いっぽう、8時間以上も睡眠を取る人には――

①内向的 ②ウツ病にかかりやすい ③体力が弱い ④精神的に不安定 ⑤協調性に欠ける ⑥批判的 ⑦物事をクヨクヨと考える、という傾向があるという。

早朝の時間活用を真剣に考えよう。目覚めの後の生き生きとした脳をうまく活用すれば、あなたに新しい才能を授けてくれる。

17 休憩時間の有効な使い方

心理学で証明されている事実に、「人間の集中できる時間の単位は90分」というのがある。

多くのセミナーや大学の授業が90分に設定されているのも、主にこの理由のためだ。コンサートや映画のような娯楽イベントも90分が基本に組み立てられている。そういえば、スポーツ教室や趣味の教室も90分が基本単位である。

私は勤務時間を5ユニットに分割した就業スケジュールを開発した。つまり勤務時間を午前9時から午後5時30分の実労7時間30分（昼間の休憩時間を除く）を設定して、5つの約90分のユニットに分割してみよう。つまり、午前に2ユニット、午後に3ユニットを割り当てるのである。

ユニットの間には10～15分の休憩時間を設定する。たとえば午前なら、10時20分から40分の間に仕事の一区切りをつけ、10分～15分のブレイクを取るのである。同様に午後

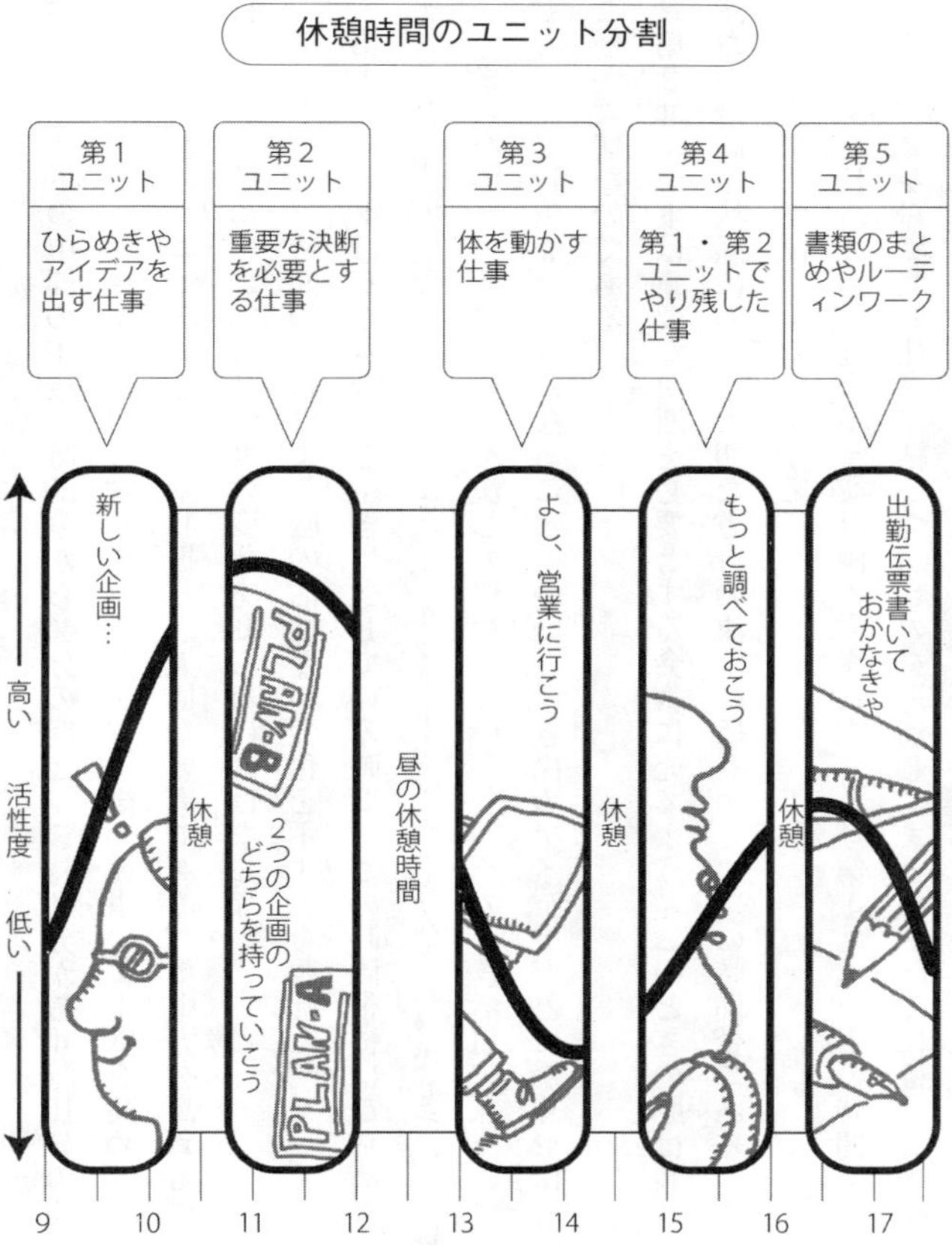

『プラス思考を身につける本』（児玉光雄　廣済堂出版刊）より抜粋

の3ユニットの中間の午後2時20分から40分の間と、3時50分から4時10分の間に、10〜15分間リラックスする時間を設定することが、午後の仕事の集中度を高めてくれる。

それぞれのユニットの仕事の割り振りも大切な要素である。集中力を高めるには、1日における脳の生理的な活性度の変化を知らなければならない。

前ページに、時間の推移による脳の活性度の変化を示す表を載せた。

第1ユニットは脳がもっとも生き生きしている時間。この時間帯にはひらめきやアイデアなど、頭から湧き出るヒントを絵やイラストを交えてどんどんメモしていけばよい。つまらないと思うアイデアも決して無視しないこと。そのとき活用できないアイデアでも、後で貴重なヒントになることも多い。湧き出るアイデアをとにかく形にしておくことが大切なのである。

第2ユニットは重要な決断を必要とする会議に充てよう。このときの脳は判断力や決断力が最高の状態にある。大切な方針の決定にはうってつけの時間帯である。頭が冴えているので当然議論も盛り上がる。

個人的な仕事なら企画書や営業計画の立案に充てる。第1ユニットの時間帯で浮かんだアイデアから実際の仕事に結びつくものを選別してまとめあげるには、この時間帯が最適である。

昼休みの後の第3ユニットでは脳の機能は確実に低下する。机で書類をまとめようとしても、うたた寝するのがオチ。この時間帯はできるだけ体を動かそう。

●現場に出て工場の中を歩き回る
●社内の連絡事項は電話で済まさず、先方まで自分の足で歩いて出向く
●力仕事を積極的に買って出る

積極的に動き回ることがこの時間帯には適している。

第3ユニットで重要な会議をするのは極力さけよう。脳のレベルが最低の状態にあるわけだから、参加者の脳はうたた寝状態にある。会議をしなければいけない場合は、決定されている条項を確認するだけの短時間でとどめよう。

自分の机から離れたオフィスや現場を動き回ることが、この時間帯の仕事の効率を上げる秘訣である。体を動かすことにより、眠っている脳の活性度は間違いなく高まるのである。

第4ユニットで脳はふたたび生き生きしてくる。第2ユニットでやり残した仕事をこの時間帯で処理してしまおう。

午前でまとめきれなかった企画書を仕上げる。

部内会議をして来月の販売計画を練る。

この時間帯で仕事にダッシュをかければ、アフター5が手に入る。

第5ユニットは定時勤務の最後のユニット。この段階になると脳の疲労度は高まってくるが、覚醒レベルも高いため居眠りすることはない。だから報告書をまとめたり、事務的仕事をこなしたりするには最適である。

このときにその日の成果をしっかりまとめておこう。同時に明日やらなければならない大切な業務をピックアップして、重要なポイントをしっかり把握しておくこと。その日のまとめをきっちりやることで1日の仕事に区切りがつく。

それでも仕事が残ってしまったら、残業するしかない。残業をする前には、サンドイッチや果物で胃袋を軽く満たしておこう。しかし、残業時の脳の疲労度は生理的にピークにあるため、生産的な仕事はあきらめよう。あくまでも、昼間の勤務でやり残したものを片づけるための時間と割り切るべきである。90分以内で手早く切り上げてオフィスを出よう。この時点で、すでに10時間近く脳をフル稼働させているわけだから、仕事の能率はガクンと落ちている。逆にこの時点で相変わらず脳がイキイキしているなら、昼間の仕事の内容をもっと充実させる必要がある。

残業時間の弊害は仕事の効率が悪くなることだけではおさまらない。退社時間が遅くなると、明日の仕事に悪影響を及ぼすこともしっかり考慮しておこう。次の日の仕事の質を上げるには、キリのよいときに早めに仕事を切り上げる勇気も必要なのである。

脳の生理的な活性レベルに合わせた仕事の選択が、あなたに集中力と仕事の成果を与えてくれる。

18　1週間のリズムを体得しよう

日本のビジネス界では、すでに完全週休2日制が定着している。それだけでなく2002年度から小学校や中学校まで完全週休2日制に移行してしまった。

仕事の能率は、月曜日から金曜日まで同じレベルではない。これに関して、少し古いデータではあるが大島正光氏は「フリッカー値」によって月曜日から土曜日までの疲労レベルを実験により明らかにしている。

フリッカーとは、光の点滅のことである。たとえば、光を点滅させるサイクルを変化させてみると、点滅サイクルの時間を短縮していけば、あるポイントでちらついていた光源が常時点灯しているように感じられるようになる。例えば、蛍光灯は1秒間に50～60回点滅を繰り返しているが、私たちには常時点灯しているとしか感じられない。この境界ポイントのことをフリッカー値と呼んでいる。

この境界ポイントは疲労度によって変化することが判明している。疲労度が高くなると比較的ゆっくりとした点滅サイクルでもちらつきが感じられない。視覚機能が疲労しているためである。いっぽう、疲労感がないときには点滅するサイクルの時間をかなり短縮させても、ちらつきが感じられる。

次ページに大島正光氏が調査した実験結果を載せてある。

上のグラフは、ちらつきの境界ポイントを折れ線グラフで結んだものである。ポイントがグラフの上部にあればあるほど疲労度が少なく、当然のことながら集中力が発揮でき、仕事の効率が高まると言える。このグラフから、次のような事実が判明した。

①疲労度は月曜日から金曜日に向けてどんどん高まっていき、土曜の午前に回復する

②1日のなかでみれば、出勤時がもっとも元気で、それ以降はどんどん疲労していく。しかし、日によって、退社前に回復することもある

③月曜日・火曜日は、明らかに他の曜日に比べて疲労度が低い

これらの事実から、週の最初の2日間で大切な仕事を片づければよいことがわかる。

ちらつき値の一週間の変動（大島正光、1979年）

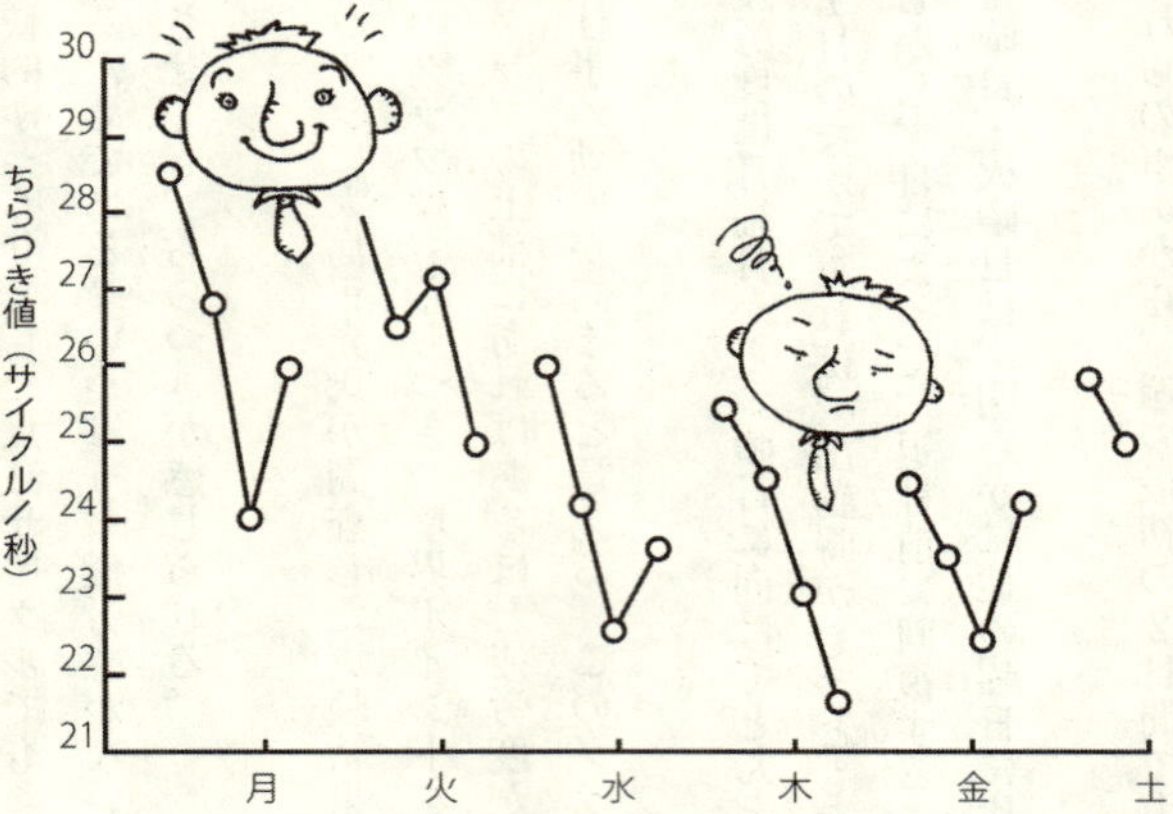

事務作業者（男女計118名）における疲労感と時刻（大島正光、1979年）

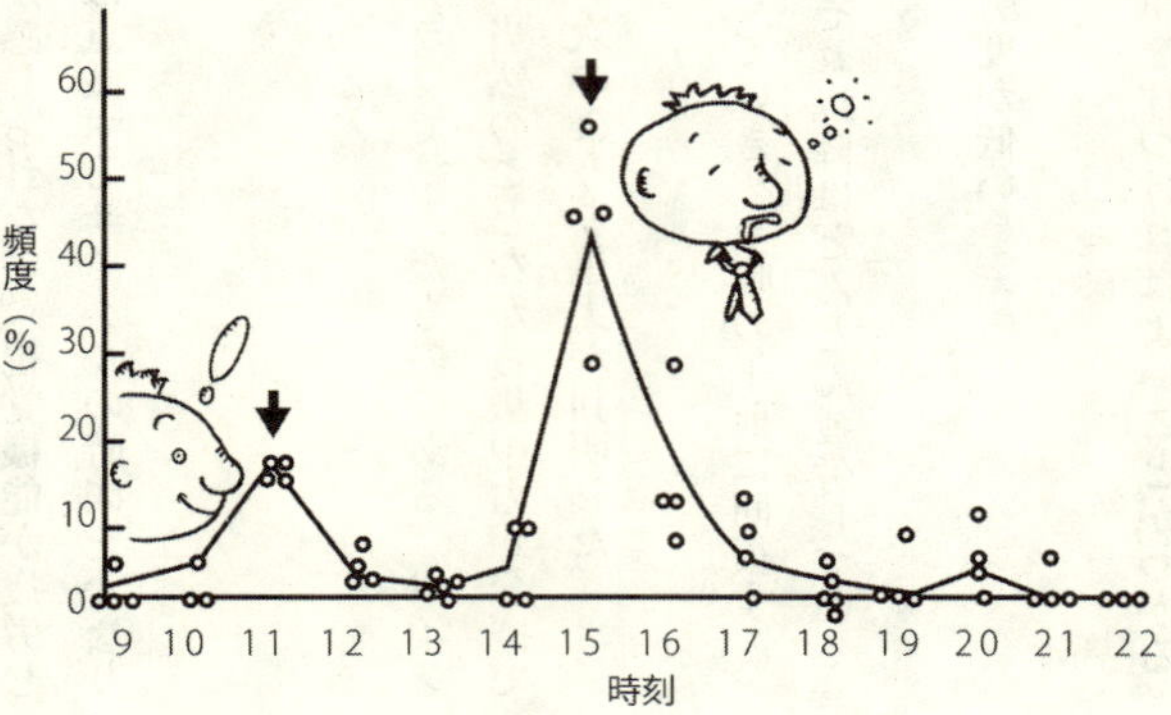

同様に午後よりも午前により重要で、しかも難しい仕事をもってくればよい。

あるいは危険な仕事も集中度の高い午前中にもってくれば、トラブルを減らせることが予想される。

1日の疲労感についてもチェックしてみよう（右図参照）。

午前11時に小さな疲労ピークがあり、午後3時ごろに1日の最大の疲労ピークがくることがわかる。

夜間に疲労感を感じる人が少ないのは、夜型が定着しているという特徴を示している。

ただし、疲労感を感じないことと、能率が上がっているかどうかは、別問題である。

どちらにしても集中レベルの高い午前中、あるいは1週間の前半部に仕事にダッシュをかけることが効率を上げるためには不可欠である。

19 思い切って他人に仕事を任せてみよう

たとえ安定した大企業で働いていても、会社から給料をもらっているという発想で仕事をしていたのでは、もはや生き残れない。独立して事業を営み、自分の給料は自分で稼ぐと考えてみよう。

忙しく働くわりに成果が得られないというビジネスマンの不満を、私は嫌というほど聞いてきた。時間と成果の関係はパレートの法則で説明できる。パレートの法則とは、19世紀末にイタリアの経済学者ヴィルフレード・パレートが考案した「資産上位20％の人々の資産の合計が、資産全体の80％を占める」という法則である。

この法則は仕事にもそのまま適用できる、と私は考えている。つまり、80％の仕事の成果は仕事時間の20％によって生みだされる。言い換えれば、残りの80％の時間からはわずか20％の成果しか得られないことになる。

つまらない仕事に振り回されて、カゴの中をせわしなく走り回るだけの「ハツカネズミ現象」にあなたはおちいっていないだろうか？

あくせく働くだけでは、仕事の成果は得られない。ゆったりとした気分で物事を深く思索する時間を持つだけで、80％の時間がいかに不毛で、無意味なものであるかが理解できるようになる。冷静になって時間の使い方を検証すれば、大切な業務に割ける時間はたっぷりあることに気づく。

アインシュタインが偉大な仕事をしたのは、デスクの前だけではない。むしろレマン湖にヨットを浮かべてセーリングを楽しんでいたときに多くの革新的な方程式が生まれている。悠然と構えて仕事の戦略を練る。集中力はこんなときにしか発揮できない。仕事を成功させるには避けて通れない3つの重要な要素がある。「深い思索」、「興味」、そして「絞り込み」である。

偉大な発見、革命的な進歩、そして大きな成果はこれら3つの要素すべてが絡み合って生まれてくることを歴史は証明している。だから、この要素をあなたの仕事に取り込めば、集中力が自然に発揮でき、黙っていても仕事の成果が上がるようになる。

多くの人々が深い思索を無視して軽率な行動を起こし、失敗している。戦に勝利するためには、行動を起こす前に綿密な戦略を練り上げなければならない。

興味もないのに、上司に指示されたからという理由だけで、面白くもない仕事にしがみつくのは止めよう。あなたの得意な仕事にエネルギーを集中させない限り、過酷なビジネス戦争には勝てない。重要な業務にあなたの情熱を一点集中させれば、間違いなく成果が上がる。

仕事を絞り込むことも、良質の仕事をするためには不可欠な要素である。あなた以外の人でもできる仕事は、他の人に任せられないかについて真剣に考えよう。あるいは、優先順位の低い仕事を安易に引き受けていないだろうか？　そんな安請け合いによって重要な仕事が中途半端な状態で放置されてしまっている。

思い切って他人に仕事を任せて身軽になってみよう。

重要プロジェクトに割ける時間が増大するだけでなく、その業務にあなたの知的エネルギーを発揮して大きな成果を上げることができる。

20 「やる気」のコントロール法

「やる気」は2種類に分類される。心理学の世界ではこれを「外発的動機付け」と「内発的動機付け」と呼んでいる。

外発的動機付けは、英語で「アウトサイド・イン」と呼ばれ、競争させたり、報酬を高めたり、昇進させたりして、外部刺激をうまく活用してやる気を鼓舞する方法である。このやり方は誰にでも適用できる便利な方法である。

いっぽう「最高の自分を発揮する」というのが、内発的動機付けである。英語で「インサイド・アウト」と呼ばれ、外発的動機付けを上回る力がある。

もう数年前のことになるが、テニスのジュニア選手を対象にアンケートをとったことがある。「目標は大会で良い成績を上げること」という項目と「目的は自分の最高の力を発揮すること」という項目を対比させて、「ゲームをする前にどちらの項目を重視するか?」という質問をぶつけてみた。

その結果、興味ある結果が得られた。全国大会レベルの選手の回答結果は「目標は大会で良い成績を上げること」を選択した選手が38・8％、「目的は自分の最高の力を発揮すること」を選択した選手が57・5％を示した（合計が100％にならなかったのは、どちらでもないと回答した選手がいたため）。

いっぽう、地域大会レベル選手の場合、「目標は大会で良い成績を上げること」を選択した選手が60・5％、「目的は自分の最高の力を発揮すること」を選択した選手が36・9％となった。

つまり、レベルの高い選手ほど大会で良い成績を上げることよりも、最高の力を発揮することに意識を払っている事実が判明したのである。言い換えれば、レベルの高い選手ほど最高の自分を発揮するという内発的動機付けが強かったのである。

考えてみれば、成績は相手がいる以上、コントロールできない。しかし、「最高の自分を発揮すること」なら100％コントロールができる。

ただし、内発的動機付けにも2種類ある。「肯定的動機付け」と「否定的動機付け」である。同じグループの選手たちに、これに関連したアンケートもとった。「ゲームに自信を持って臨める」という項目と「ゲームに負けたらどうしようという不安がつきまとう」という項目のうち、抱いている気持ちの強いほうを選択させた。

この場合も、全国大会レベルの選手の回答結果は「ゲームに自信を持って臨める」を選択した選手が74・1％、「ゲームに負けたらどうしようという不安がつきまとう」を選択した選手が20・3％という結果になった。

いっぽう、地域大会レベルの選手の場合、「ゲームに自信を持って臨める」を選択した選手が48・9％、「ゲームに負けたらどうしようという不安がつきまとう」を選択した選手が43・6％を占めた。

このように同じ内発的動機付けでも、レベルの高い選手ほど「肯定的動機付け」を保有していたのである。

J・W・アトキンソンは、「やる気」は肯定的動機付けと否定的動機付けの合力によって「やる気」の大きさが決定されることを報告している。たとえば、初めて水泳を習い始めた人のなかには『早く泳げるようになりたい』という気持ちでいっぱいの人もいれば、『溺れたらどうしよう』と不安でいっぱいの人もいるだろう。

やる気があっても、不安のほうが強いとなかなか没頭できず、行動は制約されて上達しにくくなるわけである。否定的な動機付けがやる気を抑制し、集中力を妨げているのは紛れもない事実である。
あなたのやる気の中に、内発的動機付けをすすんで見つけていこう。

Part 4

仕事を楽しむリラックス法

21 好奇心を満たす対象を探す

次世代に勝ち残るビジネスマンのキーワードは、「知的好奇心」である、と私は考えている。

自分を知的に高めていく意欲のない者からリストラされる能力主義の時代に日本も突入した。くり返すが、「興味」や「好奇心」こそ集中力のエンジンである。知的好奇心を持ち続けることにより、人間の脳は高い集中モードを維持できるようにできている。

ただし、好奇心にも2種類ある。「何か面白いことはないか？」と常に探している人がいる。新しいものに手を染めてはすぐに飽きてしまい、別の興味の対象を物色し続ける人である。

一見、彼らは好奇心旺盛にみえるが、好奇心のベクトルが定まらず、興味の対象の上っ面だけを撫でることだけで満足してしまうために、たんなる「暇つぶしの好奇心」に終始してしまっている。これを心理学用語では、「拡散的好奇心」と呼んでいる。これ

はほとんどの場合、仕事には使えない。

いっぽう、一つのことに好奇心を覚えたら、徹底的に追求していくタイプの人がいる。誰も知り得ない領域まで深く掘り進む「収束的好奇心」の持ち主である。

それをもっとわかりやすい形で私たちに見せてくれるのがスポーツである。イチローは他の誰よりも安打を量産することに好奇心を燃やし、天才の仲間入りをした。あるいは、タイガー・ウッズは誰よりも少ないスコアでゴルフのラウンドをすることに意欲を燃やして、スーパースターの地位を勝ちとった。

なかには、努力によって「拡散的好奇心」から「収束的好奇心」に移行すると主張する学者もいるが、私はそう思わない。二つの好奇心は独立したまったく別物であると考えている。つまり、拡散的好奇心が成長した程度の「収束的好奇心」はたかが知れており、仕事には使えない。使えたとしても、たいしたことのない仕事だ。プロフェッショナルとして報酬を得ている仕事なら、最初から「収束的好奇心」を満たすものでなければならない。

そこが趣味と仕事の決定的な相違点である。もちろん、「拡散的好奇心」を高めて趣味を究めることを否定しているわけではない。それはそれでたいへん好ましいことである。

私が強調したいのは、「あなたの『収束的好奇心』を高める最優先させるべき事柄は断固として報酬を得ている目の前の仕事であるべきだ」ということ。特定の才能に磨きをかけて、期限内に素晴らしい成果を上げる。これこそ「収束的好奇心」を発揮する究極のテーマとなる。

目の前の仕事で世界一になる。これはタイガー・ウッズやイチローだけに与えられた特権ではない。即ちあなたにも通用する。

シリコンバレーでは、ビジネスマンは時間的拘束からだけでなく、オフィスに出向くという地理的拘束からも解放されようとしている。少なくとも「知的プロジェクト」の担当者において、勤務時間や勤務地という20世紀に主流を占めた仕事の2大要素は、すでにそれほど重要ではなくなりつつある。

集中というものは、本来独立したものではなく、興味や好奇心を満たす対象に取り組むことによって自然に発揮される能力である。本書に収録したトレーニングを併用しながら、目の前の仕事に没頭する習慣を身につけよう。

22「A6神経」を活性化しよう

集中力を支えているのは、A6神経とA10神経という二つの神経経路である。

A6神経は生命の中枢である脳幹に端を発し、欲の脳である視床下部を経由して、意欲の脳である前頭連合野に直結している「神経のハイウェー」である。

A6神経こそ活動と集中の源であり、人間のやる気を支えている。その証拠にこの神経の失調により、簡単に神経症やうつ病を引き起こす。

もう一つ集中力を駆動している神経のハイウェーがある。それがA10神経である。A6神経が「やる気のハイウェー」なら、A10神経は「快感のハイウェー」である。この2種類の神経のハイウェーが人間の急速な進化を実現させた。

やる気と快感によって人間はより高度なものにチャレンジする才能を身につけた。その結果、人間は驚くべき進化を遂げて、知的レベルにおいて圧倒的に他の動物を引き離したのである。

A6神経の全脳への分布

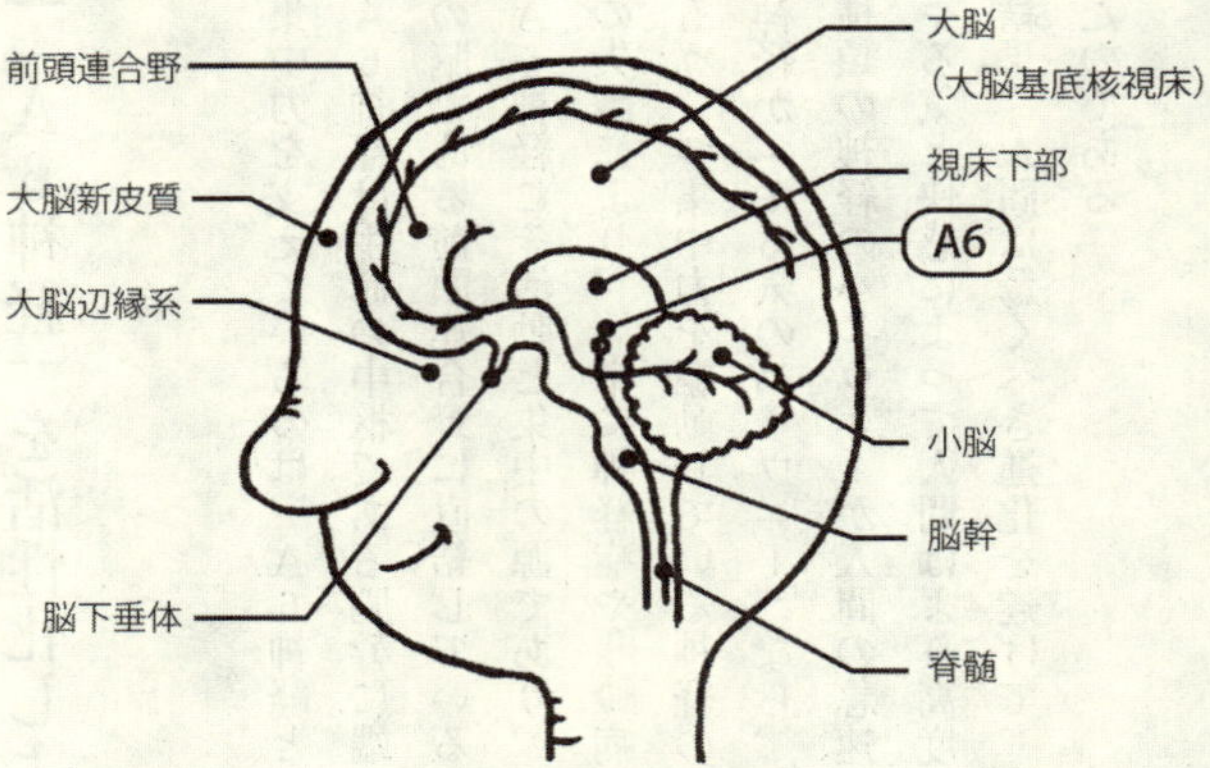

A10神経の全脳への分布

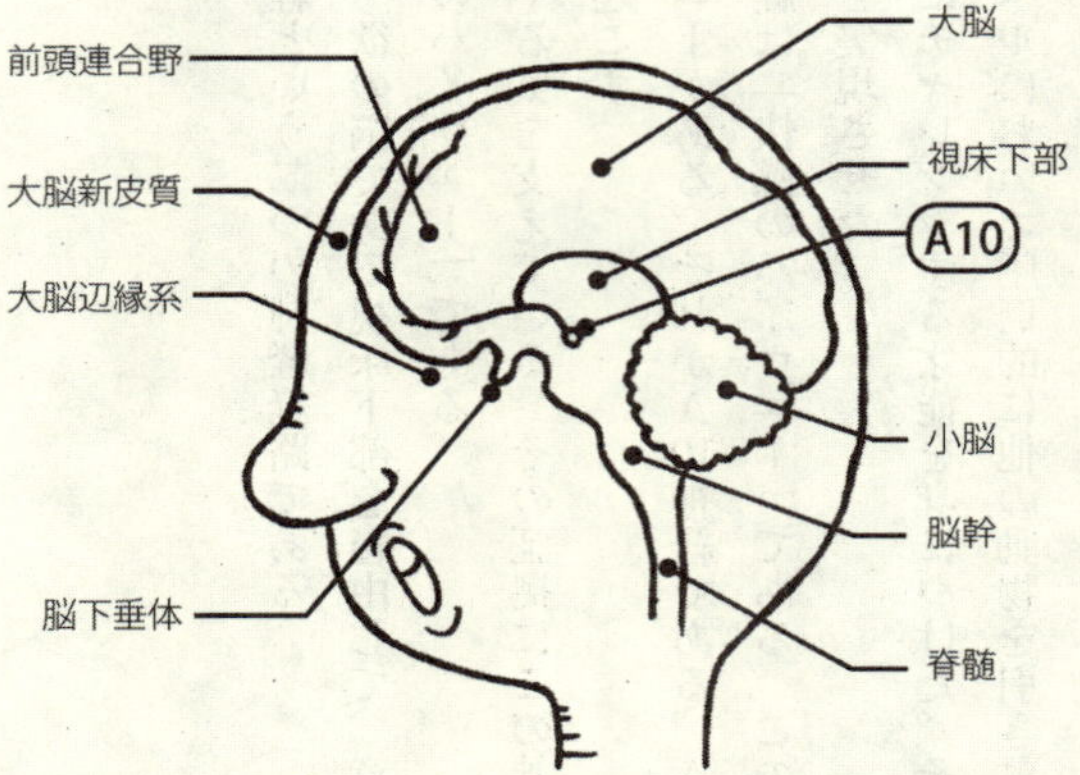

出典：大木幸介著『やる気を生む脳科学』（講談社刊）

人間の歴史をさかのぼったとき、人類が類人猿から枝分かれして進化したのは、ほんの短い期間に達成されたというのが定説になっている。今から約５００万年前にこれらの神経のハイウェーが形成され、極めて短期間に爆発的な進化を遂げたに違いない。

事実これらの神経のハイウエーは他の動物にはほとんど見いだせない。これらの神経系と他の神経系の決定的な違いは、抑制が効かないということ。たとえば、交感神経が活発になると、自然に副交感神経が働いて、内臓の分泌系や循環器系の調和が保たれている。

ところが、創造性や好奇心といった人間特有の知的資源をコントロールしている二つの神経ハイウェーには、ほとんど抑制する制御器官が見当たらない。そのため、好奇心や探究心が際限なく持続するのである。

人は「快感」という原始的な感覚を好奇心という知的感覚に結びつけることによって、劇的な「進化」を達成したといえる。他の動物もおそらく保有しているだろう「快感」というたんなる原始的感覚に止まらず、好奇心という能力を身につけることができたのは、Ａ6神経とＡ10神経というこれら原始的なアナログ神経の形成によるところが大きいのである。

Ａ系列の神経が活動に深く関わっているのが、カテコールアミンという神経伝達物質である。カテコールアミンとは、人間の知的活動を支えているドーパミン、ノルアドレナリン、アドレナリンの総称である。この物質が人間のやる気と集中力を支えている。これらのＡ系列の神経が活動して集中力を発揮すると、カテコールアミンがどんどん消費され減少していく。その結果、集中力を欠き、頭がボヤッとした状態になる。その典型例が睡眠不足の状態である。このときＡ10神経の活動は最低になり、創作意欲は湧いてこない。

カテコールアミンは睡眠によって合成され、脳内に蓄えられる。朝、目を覚ましたとき、カテコールアミンの血中濃度が最大になっているのは、そういう理由からである。つまり、適度な睡眠こそ集中力を維持するために不可欠なのである。

カテコールアミンのなかで、とくにドーパミンやノルアドレナリンがやる気や集中力を高めるために大きな役割を果たしている。ドーパミンは他の動物にはほとんど分泌されず、人間の「知的司令塔」である前頭連合野で過剰と思えるほど消費されている。

ノルアドレナリンはドーパミンを原料として生産され、Ａ６神経の重要な役割であるやる気に大きく関与している。ドーパミンが主にＡ10神経を中心にした神経だけに分泌されるのに比べて、ノルアドレナリンは脳内だけでなく、全身に広く分布した神経にも多量に分泌され、やる気を引き起こす原動力となる。

「さあ戦おう」、「仕事をしよう」、「勉強をしよう」、「運動をしよう」と意気込んでいるときには、ノルアドレナリンが活発に全身の血中に分泌されているのは間違いない。

それでは3番目の神経伝達物質アドレナリンはどんな働きをしているのだろう。アドレナリンは驚いたときや恐怖を感じたときに分泌される。プロゴルファーがプレッシャーを感じたときにグリーンをオーバーするショットを打つ傾向があるのは、アドレナリンが血中に異常分泌されて筋肉に過剰な反応を与える典型例である。

これらのカテコールアミンをうまくコントロールすることが集中力を高めてやる気を増大させる大きなカギとなる。

23 「二つの原則」を仕事の原動力に

「良い仕事をするには集中力を高めなくてはならない」ということは誰にでもわかっている。グループリーダーがメンバーの仕事の集中度を高めるためには、それなりの工夫が必要である。

多くの場合、メンバーに集中力がないのではなく、リーダーがメンバーの集中力を高めるような状況を作り出せないことが原因なのである。

「私はもともと集中力がない性格なのだ」

「何ごとにも飽きっぽくて長続きしないのは親父ゆずりだ」

自分の集中力のなさを性格や遺伝のせいにする人がいるが、集中力は先天的な素質でも優れた遺伝子によるものではない。すべて後天的に獲得されるもので、その気になれば誰でも身につけることができる。つまり、環境によって集中力は左右されるのである。

だから、メンバーの集中力を高めるには「火事場の馬鹿力」を出せるような雰囲気を意図的にグループ内につくり出せばよい。

私は集中力を高める二つの原則を見いだした。この二つの原則を盛り込めば、あなたのグループ全体の仕事の質は間違いなく高まるはずだ。

★第1原則〈緊迫感〉

緊迫感が仕事への集中力を高めてくれる。完了期限があいまいな仕事は能率が上がらない。緊迫感とは、石器時代に敵と戦う場面で「戦うべきか。それとも逃げるべきか」を決断するときに人間が身につけた能力である。いわゆる「火事場の馬鹿力」がこの状況で発揮されるのである。

私は現在いくつかの雑誌や新聞の連載記事を抱えているが、原稿の締め切り期限が集中する毎月20日前後になると緊迫感はピークに達する。

「良質の仕事をするには、適度な緊迫感をつくりだしてそれを楽しむこと」。これが私のモットーである。

緊迫感を持続させながら仕事を進めることが集中力を高めてくれる。

たとえば、朝起きてから、その日の午後6時までに400字詰め原稿用紙12枚の雑誌の連載原稿を書き上げなければならないとする。

私の場合、この分量の原稿なら通常4時間あれば書ける。そこで、1時間余裕を見込んで午後1時から6時までの5時間を執筆時間に充てる。ただし、仕事を完了させる目標時刻はあくまでも午後5時とする。

この仕事を予定通りに完了させるには、1時間に1200字のペースで書き進めばよい。そこで執筆を開始する前に、あらかじめ白紙のワープロ画面の1200字ごとに完了予定時刻を入れておく。こうしておけば、最初になかなか筆が進まなくても、時間をしっかりイメージしながら執筆していけるので焦ることがない。この方法により、私は適度な緊迫感を持って仕事ができる。

もちろん、「もっと余裕をみて仕事をしたほうがよい」という考え方があるのも事実である。締め切りのずっと前から時間的余裕をもって準備しておくほうが良い仕事ができる人もいるかもしれない。

しかし、創造的な仕事になればなるほど、緊迫感がなければ良質の仕事ができないと私は信じている。

ときには前述の仕事を早朝から始めることもあるが、これではなかなか緊迫感が得られず、結果的には闇雲に時間を浪費することになる。仕事に少し厳しい完了期限をつけることで緊迫感が生まれ、質の高い仕事が遂行できるのである。

京セラの創業者である稲盛和夫さんは、若い頃に得意先に対して無謀なほどまでの厳しい期限を自分に設定して、新製品を納入することを約束したという。自らの仕事に緊迫感を与えるためである。

期日が迫っても、新製品のアイデアがなかなか浮かんでこないことも多かったという。ところが「もう駄目だ」という極限の状態になると、稲盛さんの頭の中にはかならず良いアイデアが浮かび、得意先に納得してもらえる優れた製品を納められたという。

稲盛さんは「『苦しい』と言いながら仕事をしているうちはまだ一人前ではなく、『狂』の境地になってはじめて真の集中力が発揮できる」と断言する。

仕事に緊迫感を与えることに集中力を発揮する秘訣が眠っている。

★第2原則〈興味〉

「好きこそものの上手なれ」は趣味の世界だけでなく、仕事の分野にも応用できる格言である。

前にも少し触れたが、興味が集中力を高めてくれるのである。

多くのビジネスマンは「1日の3分の1の時間が仕事に費やされている」と考えている。しかし、それは正しくない。仕事時間はもっとあなたの時間を奪っている。

たとえば、平均的なビジネスマンの平日のスケジュールを考えてみよう。朝7時に家を出て夜9時に帰宅。これが平均的なビジネスマンの日程であろう。この14時間がすべて仕事のために使われていると考えるべきなのである。

だからビジネスマンにとって、7時間の睡眠時間を除いた平日の活動時間の80％以上が仕事時間なのである。

起きている80％の時間が嫌だったら、人生楽しいわけがない。よって、

「人生を楽しくするには仕事が楽しくなければならない」

というのが私の信条である。

嫌と感じる仕事の原因は、内容がそうさせているわけではない。あなたの心がそう感じているだけである。仕事を嫌と感じないように工夫すればよいのである。好きになってしまえば、効率だけでなく質も上がる。だから社内の評価も高まり、人生そのものが充実するのである。

ここであなたはこう反論するかもしれない。

「毎日の単純労働に楽しさを見い出せるものか。家族を養うために給料を稼ぐ。嫌な仕事もそれがあるからやっていけるんだよ」

本気でそう思っているなら、あなたはもっと楽しくなるであろう人生を放棄してしまっている。自分の与えられた仕事にもっと興味を持ってみよう。それが仕事の集中力を高めるだけでなく、あなたの人生そのものを実りのあるものに変えてくれる。

与えられた仕事がどんなものであれ、その仕事を最高のものに仕上げる使命をあなたは持っている。そのためには、いずれにしてもその仕事に興味を持たなければならない。プロとしての誇りを意識しながら目の前の仕事に興味を持ち、最高の状態に仕上げようとする熱意は周りのスタッフにかならず伝わる。そうすれば、会社はきっとあなたを評価してくれる。

私の尊敬する経営者のひとりに堀場雅夫さんがいる。堀場さんは堀場製作所を創設し、今でこそ当たり前になっている学生ベンチャーの草分け的存在として、1953年に堀場製作所の前身である堀場無線研究所を設立した。

堀場製作所の社是は「おもしろ、おかしく」である。人生で過ごす時間がもっとも多い会社のなかで「生きがい」と「働きがい」を見いだきなければ、その人は不幸であると堀場さんは言う。

堀場さんは、自著『イヤならやめろ』（日本経済新聞社）で「仕事が面白くなかったら、できるだけ早い時期に見限って会社を辞めなさい。そして新天地を見いだしなさい」と説いている。仕事に不満を持ちながら、ズルズルとその会社に残っていたとしたら、本人だけでなく会社も不幸である。人生は1回きり。早いところで辞めて、次のチャンスを探すべきであると説くのである。嫌な仕事を辛抱して、四十男になってから「次のチャンスを」を考えたところで、そのときはほとんど手遅れなのである。

それでは、どうしたら仕事に愛着を持つことができるか？

「仕事に愛着を持つということは、一種の自己暗示である」と私は考えている。

毎朝起きたらかならず10回こう唱えてみよう。

- 「私は今の仕事が好きだ」
- 「私は今の仕事に最高の愛着を持っている」
- 「私は今の仕事における最高のプロである」

自己暗示によって仕事に興味を示し、与えられた目の前の仕事に愛着を持って、一つずつ丁寧にこなしていく。その態度が人生の成功につながる。

24「今日だけは！」というメッセージ

自己暗示以外に、嫌な仕事にやる気をもたらすテクニックはないだろうか。それは、工夫することだ。

工夫しだいでやる気が増大し、バリバリこなせるようになる。私が提唱する二つのヒントを参考にして、実行計画を立ててみよう。きっと楽しくない仕事にもやる気が出て、効率も上がるはずだ。

①「報酬」を設定する

嫌な仕事を後回しにする大きな原因は、「楽しくない」というイメージがいかに頭の中を占領しているからだ。そんなときには、「報酬」を設定して、楽しくない仕事を完了すればその報酬が与えられる、というイメージをつくってやればよい。

たとえば、「この仕事を今週中に完了させたら、週末は魚釣りに行こう。しかし、完了できなかったら、それはお預けだ」というフレーズを頻繁につぶやこう。

同時に、そのフレーズを自分の字で大きく書いて自宅の書斎の目立つところに貼っておく。そして、週末に自分が魚釣りを楽しんでいるシーンをくり返し思い描けばよい。

人間というのは、先を見通すイメージ能力が備わっている。大好きな魚釣りのシーンをイメージするだけで、仕事に対する意欲は間違いなく向上される。

たとえ目の前の仕事を楽しめなくても、完了させれば、報酬が与えられるという条件付けをしてやるだけで、驚くほどやる気は増大する。

あなたが週末に大好きな魚釣りをしているシーンをあたまに描いているとき、あなたの脳にはドーパミンが溢れている。それが仕事をテキパキとこなすエネルギーになるのだ。

②「今日だけは！」というメッセージ

これは、前にも述べたジム・レアー博士が開発した一つのテクニックである。人間は、「嫌なことでも、1日くらいなら我慢できる動物」である。しかも、このテクニックは日常生活で使える。

朝起きたら「今日だけは、得意先の伝票整理をやろう」と宣言してみよう。そうすれば、その日だけは全力でそのことをする意欲が湧いてくる。

私が指導する大学のテニス部の学生にも、「今日だけは、この過酷な練習メニューをこなそう」と練習前に宣言させると、全力で取り組んでくれる。

毎日繰り返される単調な仕事も、このテクニックを駆使すると気持ちが軽くなる。それは自分をだますことではない。

人間というのは、1日1日を大切に生きることにより、偉大な仕事を完成させることができるようにつくられているからだ。

偉大な発明者やスポーツのチャンピオンが成功したのは、彼らが壮大な目標を持っていたからではなく、毎日の積み重ねが、大きな仕事をさせたのである。

「これから1カ月間、毎朝6時に起きて3キロ歩くことなど私にはできない。しかし、明日だけなら絶対できる」

このメッセージを就寝前に毎日繰り返せばよい。これは、「これから1カ月、毎朝6時に起きて3キロ歩くぞ」という決意とは、根本的に違う。

「今日（明日）だけは――」

で始まるメッセージを今すぐ楽しくない仕事に適用してみよう。きっとあなたに実行力というすばらしい才能をプレゼントしてくれるはずである。

25 リラックスしながらの「集中!」

「集中力は仕事の中で身につける!」

というのが、私の基本的な考えである。誰でも自分の興味のあることには集中できるもの。

たとえば、勉強が大嫌いな子どもも、大好きなテレビゲームをするときは何時間でもテレビ画面に釘づけになるのだ。仕事に集中できない人も、週末になれば競馬の予想紙を片手に何時間も勝馬の分析に没頭できる。

集中力について講義をするとき、冒頭で私がいつもやることがある。

まず手のひらに硬貨を入れて、

「これから私の手のひらの中にある硬貨を放り上げますから、この硬貨が何かを当ててください」

と言って硬貨を空中に投げ上げて、ふたたび手でキャッチする。そして、一番前の列の人に、

「わかりましたか？」と質問する。

すると当てられた人は、

「いやー、よくわかりませんでした」と答える。

そこで私はこう言うことにしている。

「別にわからなくてもよいのです。今、私が放り上げた硬貨の種類なんて本当はどうでもよいことです。大切なのは、私が硬貨を放り上げる直前に皆さんの視線は私の手に釘づけになっていたはずです。それが、『その瞬間の感覚が集中しているという状態』なのです」

プロ野球の試合で、ピッチャーが投げる直前のバッターの目に注目しよう。あるいは、ゴール付近で選手がもつれ合うサッカーの試合でのゴールキーパーの仕草を観察してみよう。その瞬間の彼らの視線や仕草で、集中している状態とはどんなものかをわかりやすく私たちに教えてくれる。

それでは高いレベルの集中力を維持するには、どうすればよいのだろうか。

もう10年以上前の話になるが、私はある雑誌の企画で日本を代表するプロドライバーを集めて座談会を開いたことがある。そのとき、3年連続全日本ラリー・チャンピオンに輝いたことのある桜井幸彦選手がこんな話をしてくれた。

彼の場合、カーブが連続して続く山道を全力疾走できるのは、せいぜい5分間なのだそうだ。それ以上になると、精神的にヘトヘトになって速度をぐんと落とさないことには運転できないという。だから、通常のラリーで使用されるコースには、数分間のカーブの後にかならず直線コースをつくって、ドライバーが一息つく手助けをしているという。

この座談会で、桜井選手はこう語っている。

「競技中、私より集中できる選手は何人もいます。ただ、私が他のドライバーより優れているところがあるとすれば、直線コースでしっかりリラックスできることぐらいでしょう」

集中とリラックスは一対のもの。リラックスの谷が深ければ、集中の山は自然に高くなる。集中のことを考えるよりも、リラックスする工夫を凝らす。そこに集中のヒントがひそんでいる。

私の友人である飛行機のパイロットは、集中に関してこんな考え方を持っている。

「私たちの場合、集中とは一つのことに没頭することではないのです。目の前のおびただしい数のランプや計器類にまんべんなく、常時、意識をはりめぐらせていなければなりません。だから私たちパイロットの目の動きを観察していると、まるで落ち着きのない人間のそれによく似ています。ただし、そんな最高レベルの集中状態にあるときにも、精神的にリラックスしていなければ、この状態を長時間維持することは到底できないのです」

つまり、集中とリラックスは共存できるのである。リラックスしながら集中する。それが、緊急事態になっても、パニックにならずに最良の判断を可能にしてくれる。

26 負と正の没頭モード

前にも述べたが、子どもがテレビゲームにあれだけ集中できるのは、「興味」があるからだ。絵を描くことが大好きな子どもは、何時間でも飽きることなく目の前の風景をイラストに表現できる。

野球の大好きな子どもは、暗くなるまでコーチの千本ノックを受ける意欲を持続できる。すべて興味が没頭モードに引き込んでいる。集中力を高めたかったら、そのことに興味を持つために工夫をすればよい。

同じものを見ても100人の捉え方はさまざまである。たとえば、あなたがノートパソコンを購入したいと考えていたら、通勤電車の吊り広告の中のパソコンの写真や文字が飛び込んでくる。あるいは、書店に並べられている雑誌の中からパソコン専門誌のタイトルを瞬時に見つけだせる。

興味の対象を記憶するだけで、脳は驚くべき威力を発揮してくれる。私たちの脳の優れた検索機能をもっと活用すべきである。

習慣とは、興味と集中によって自動制御された没頭モードの別名である。それが正しいか正しくないかはまったく関係ない。興味が定着して習慣化してしまうと、本人の意思とは裏腹に持続する。タバコやギャンブルが止められないのは、その典型例である。

つまり、脳に「正の没頭モード」が定着すれば、驚くべき創造力で偉大な仕事をやってのけるが、「負の没頭モード」を取り込んでしまうと、極端な場合、人生を破壊に導くことにもなりかねない。

習慣とは意思や願望を超越した、コントロール不可能な「暴れ馬」である。そうならないためにも、習慣が定着する前に興味の対象が自分を幸福にしてくれるか、あるいはそれにのめり込むとどうなるかについて、じっくり考えなければならない。

かといって、私はタバコやギャンブルをまったく否定しているわけではない。事実、若いころはタバコやギャンブルにのめり込んだ時期もあった。ただし、私が頭の中にしっかりと記憶させたのは「ほどほど」という機能である。

たとえば、タバコは2日で1箱。競馬の軍資金は月2万円というように、心の中にしっかりとそのイメージを刷り込んで「リミッター」を設定する。それが「負の没頭モード」という暴れ馬を制御してくれる。

もちろん、独創力を発揮するとか、企画をあれこれ思索するといった「正の没頭モード」に「リミッター」は必要ない。興味をうまく手なづけて、「正の没頭モード」を脳に組み込むことこそ、人生を成功に導く大きな武器となる。

Part 5

「踏ん張り」のトレーニング

27 「粘り強さ」こそが武器になる

「執着心」こそ集中力を高めるために不可欠な要素である。たんなる「興味」だけでは不十分。興味を維持させながら、それを執着心に結びつけてはじめて、高いレベルの集中力が手に入る。

アメリカの第30代大統領カルビン・クーリッジがこう語っている。

「この世に粘り強さに勝るものはない。才能があっても成功できなかった例は枚挙にいとまがない。天才？　報われない天才という言葉は、すでに決まり文句になっている。教養？　世の中は教養ある浮浪者で溢れている。粘り強さと断固たる信念だけが、無限の力を持つ」（『なぜか、「仕事のうまくいく人」の習慣』ＰＨＰ研究所より）。

スポーツの世界では、「いいわけ」という手段を駆使して、悪い結果を説明することがある。試合で敗北を喫したとき、あるいは自分で満足できる良いプレーができなかったとき、「ほんとうの自分」を守るために、多くの選手がいいわけをする。

今日のゲームは頑張る必要がなかった。なぜなら順位の決まった後の消化試合だから。あのゴルフ場のレイアウトが大嫌い。だからいつも力を発揮できない。

相手がずるいプレーをしたから、負けただけ。真剣にやっていたら負けるはずがない。才能があるのに、大成しない選手のほとんどがこのような捨てゼリフを吐いてフィールドから去っていく。いわゆる「あきらめの早い選手」がチャンピオンになることはない。うまくいっているときに、チャンピオンと並のプレーヤーの差はあまりでてこない。問題はピンチにおちいったときである。ピンチの状況への対処の仕方で、その人間の力量が試される。もっと極端に言えば、ピンチの切り抜け方でその人間の運命まで決まってしまう。

ピンチのときに、「オレはピンチに耐えられない。このゲームに勝てそうもない」とゲームに集中できずに、勝負が決まってないうちに「いいわけ」を探し出すのが並のプレーヤー。才能にあふれながら大成できなかった多くの選手の共通点は、ピンチになるといつも「集中モード」を形成している脳のソフトウェアの電源を切ってしまうこと。

成功したかったら、とにかく気持ちを奮い立たせて「もうひと踏ん張り」することだ。

スポーツの世界では、技術がほぼ同じレベルにあれば、「執着心」のないものから脱落していく運命にある。その事実をマラソン競技が私たちにわかりやすく教えてくれる。マラソンでは20キロまでは数十人のランナーが先頭集団を形成する。30キロになると、それが10人程度のランナーに減少する。35キロまでくると、優勝争いは3、4人に絞り込まれる。

40キロでは2人になり、ゴールのスタジアムの入り口で先頭ランナーが後ろを振り返ると、誰もいない。つまり、執着力を最後まで維持したものが、チャンピオンになれるのである。このような状況は競争社会におけるもっとも頻繁に訪れる典型的なパターンである。

執着心を持ちながら、粘り強さを発揮することこそ、大きな武器となる。執着力を維持すれば、集中力の維持につながり、ビジネスにおいて勝利を勝ちとることができる。

28 「踏ん張り」がチャンピオンをつくる

もうひと踏ん張りしているときには、通常の仕事では得られない集中力が発揮されていることは間違いない。もっと極端に言えば、ほとんどの人が仕事を終えてロッカールームでシャワーを浴びているときに、もうひと頑張りしている人にだけ神は「集中モード」という偉大な能力を与えるのである。

朝のゴルフコースの練習場は人でいっぱいである。スタート前にショットの調整をすることはもちろん悪いことではない。ところが、午後の練習場には人っ子一人いない。これはどういうことだろう。

ゴルフの上達を加速させたかったら、あるいは真の集中力というものを獲得したかったら、ラウンドが終わってクラブハウスに戻る前に、練習場に直行して30分間かけてボールを打てばよい。あるいは、ラウンドで逃した惜しいパットの練習を練習グリーンに直行してやればよい。

これはビジネスにもあてはまることだ。もう少し集中力を発揮すれば成功を勝ち取れるのに、多くの人たちがその寸前であきらめてしまっている。競争社会の中で、ほんのわずかな差が成功と失敗を隔てている。

96年のアトランタ・オリンピックの男子陸上競技で、オリンピック初の200メートルと400メートルの2種目制覇を成し遂げたマイケル・ジョンソン選手はこう語っている。

「10年前、私は200メートルを22秒で走っていた。高校生の陸上競技選手としては上出来のタイムだったが、世界レベルにはほど遠かった。10年にわたる飽くなき努力と研鑽《けんさん》のおかげで、1・5秒強のタイムを縮めることができた。10年間でたったの1秒半！　それが平凡な男と世界一速い男との違いなのだ」

一流の人間は、普通の人があきらめたときにも集中力を持続させる。並の人間とは、ほんのちょっとした集中力のスタミナの違いによって隔てられているのだ。これが「あいつだけはちょっと違う」という周りの評価を勝ち取るのである。

スポーツと違い、ビジネスの世界ではゴールが見えないことが多い。何百時間努力しても契約を取れるという保証はない。

仕事を終える前に、「もうひと踏ん張り」とつぶやいて、最後の集中力を発揮して、もうひと仕事頑張ってみよう。ちょっとした努力が他の人間に圧倒的な差をつける「偉大な習慣」となる。

●あと1本電話をすれば大口の契約が取れる
●もう1軒訪問すれば、車が1台売れる
●あと1時間頑張れば、素晴らしいプレゼンの資料が完成する
●試作品のアイデアをもう一ひねりしてみる
●上司に拒否されたアイデアをもう一度練り直して提案する

ほとんどの人が気づかない「もうひと踏ん張りの精神」が、多大な成果をもたらしてくれる。

29 極限状態で集中力を高めよう

ビジネスの現場においては、最悪の状況でどれだけ仕事ができるかがリーダーに問われる。

「彼はこういうときに踏ん張れる」

「彼の粘り強さは社内でも定評がある」

こんな評判を勝ち得たら鬼に金棒である。たとえば、部下と一緒に残業に付き合う。ときには現場の人たちと深夜まで新製品の試作に立ち会う。

こんなことをできるリーダーには、部下はだまってついてくる。歳を取れば取るほど、体力や精神力は知らない間にどんどん衰えていく。それでも、工夫の仕方によっては、若者にひけをとらない粘り強さを身につけることができる。

私は集中力を高めるために「ワースト特訓」という極限状態での特訓法を開発して、スポーツの現場で活用している。これは円周率を4万桁記憶してギネスブックにも載ったことのある友寄英哲氏の暗記法にヒントを得て開発したトレーニング法である。

友寄氏は自著でこう述べている。

「円周率暗唱は、途中一カ所でもできないことがあると、あとはすべてできても、公認されない。今回は四万ケタ全部をすべて思い出すことができた。いつもできるのに、ある日、どうしてもあそこが思い出せないという経験をわたしは何度もした。

だから、とくにプレッシャーのかかる本番で一カ所でも間違うことなく思い出すというのは、並大抵のことではないと痛感した。そこで、自分にもっとも不利な環境に自分を追い込んで極限状態をつくり、そこで特訓することにした。ふつうの状態ではできても、極限状態ではできない場所がある。そこを発見してさらに強化をはかろうというのである」（『三秒集中記憶術』カッパブックス）。

たとえば、私が指導していたゴルフのツアープロには、体調の悪いときこそ集中力を身につける絶好のチャンスであると説いていた。

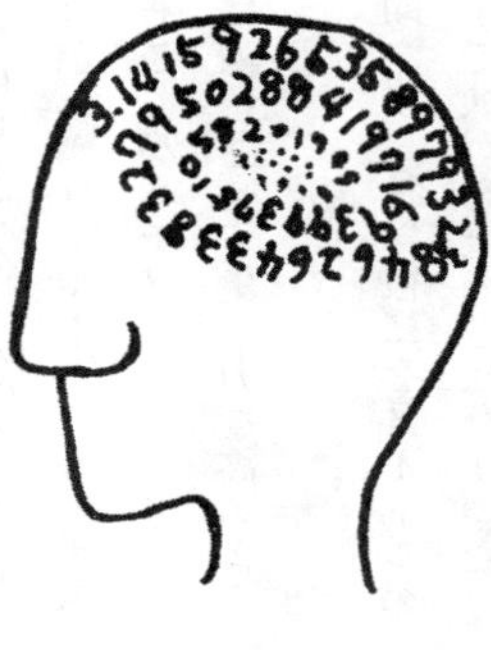

あるプロトーナメントで私の指導している若手プロが初日5アンダーの67でまわり、トップグループにつけた。ラウンドを終えて、多くのプロがシャワールームに直行するのを尻目に、私は彼を練習グリーンに引っ張っていき、そこでパッティングのおさらいをさせた。肉体的にも精神的にも疲労困憊しているときに練習させて集中力を高めようという作戦である。

「児玉先生、勘弁してくださいよ」という彼の哀願も聞かず、私は彼に2メートルの入れごろ、外れごろのパットを100回カップに入れるまで練習を止めさせなかった。次の日も彼の快進撃は続いた。疲労困憊の極限状態での練習が彼の快進撃に貢献したことは間違いない。このやり方はビジネスマンの仕事にも立派に応用できる。

- 心身とも疲労困憊した状態で、集中力の必要な仕事に挑戦してみよう
- 騒音の渦巻くオフィスで書類をしっかり仕上げる
- 夕方オフィスに戻る前にもう1軒得意先を訪問する

これが普段の集中力を高めるだけでなく、仕事の実績まで高めてくれる。

それではここで、心身が疲労したり、劣悪な環境で仕事をするときに味方になってくれる二つのトレーニングを紹介しよう。

★ワースト特訓神経衰弱

疲れ切った退社前の10分間に空いている会議室を利用して、一人きりになってやるトレーニングである。とくにハードワークの最後をこのトレーニングで締めくくることで、最悪の条件でも集中力を維持できる能力が身につく。用意するものは、トランプ1組だけ。まず、52枚のよく切ったトランプを裏返しにして、縦4列、横13列に並べる。通常の神経衰弱ゲームをやるのである。

2枚ずつトランプをめくって数字が合わなければ元の位置に裏返して戻す。数字が合えばどんどんカードを取り除いていく。全部の札を取り除くまでの所要時間を計測しよう。それがあなたのその日の得点になる。所要時間はかならず手帳にメモしておこう。

その日の体調や疲労度によって、所要時間が変化することに気づく。疲れた脳を揺さぶって、もう一度集中力を高める習慣をつけるだけで、あなたの仕事にますます磨きがかかる。

★瓶に入るイメージ術

悪条件でも集中できるテクニック。それがガラス瓶に入るイメージ術である。これは、若手ゴルファーがプレッシャーを感じたようなときに威力を発揮する。最終日の優勝争いで接戦になったときも、必死の形相でプレーしているゴルファーはかならず脱落する。「集中しなければいけない」と考えれば考えるほど、どんどんプレッシャーがかかっていく。プレッシャーが集中力を奪ってしまい、ミスショットを連発する。これでは自分の実力の半分も発揮できない。

こんなとき、自分のまわりを大きなガラス瓶で覆ってしまうイメージを描くとよい。外からの雑音を一切遮断されるガラス瓶の中に入ってプレーをしている自分をイメージするのである。

このテクニックは、劣悪な環境で仕事に集中する場合にも応用できる。イメージのなかで自分の周りを大きなガラス瓶で覆ってしまおう。そこには自分しかいない。ただ目の前の仕事に100%没頭できる自分がいる。このテクニックを日常生活のさまざまな場面で活用してみよう。

- ●会議でプレゼンテーションをするとき
- ●結婚式でスピーチをするとき
- ●通勤電車の中で読書をするとき

自分がガラス瓶に入ったイメージを描くだけで、どんな悪条件のもとでも、あるいは緊張する場面でも、目の前の仕事に集中できる自分を養うことができる。

30 プレッシャーを味方につける

日本体育協会が、バルセロナ・オリンピック出場選手に次のようなアンケートをとったことがある。

「あなたにとって、競技中にもっとも必要な心理的要素は何ですか？」

この質問に対する回答はグラフに表してみよう。

このアンケートでも「集中力」が最高ポイントを獲得した。スポーツだけでなくビジネスでも、あるいは受験においても、集中力こそ勝利の原動力となる。

それでは、プレッシャーがかかったときに、集中力を高めるにはどうすればよいのだろう？　その答えは、「いかにあなたが

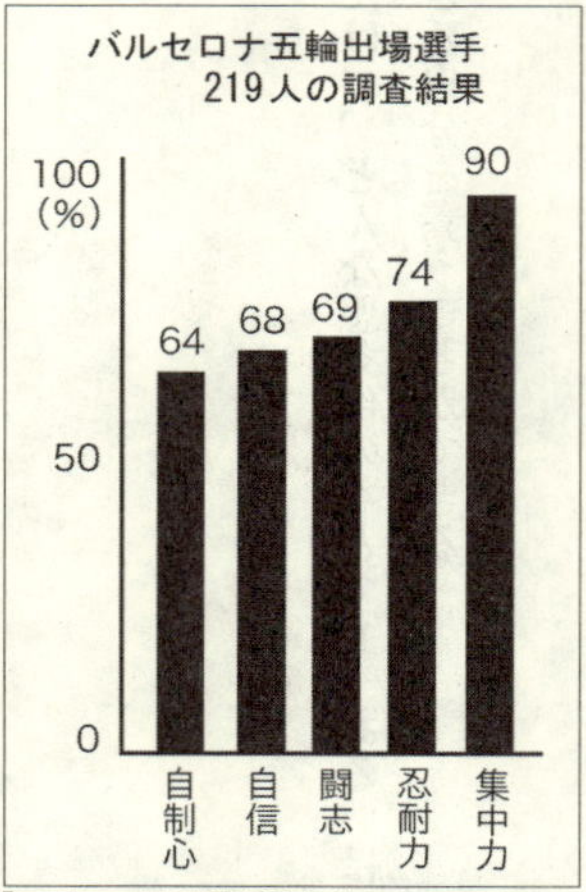

『スポーツ医科学研究報告』（1993年）より

プレッシャーを手なずけるかにかかっている」。プレッシャーこそ、集中力を高めるエネルギー源となる。

ところが、残念なことに多くのスポーツ選手が「プレッシャーは勝負の敵だ」と考えている。これはとんでもない誤解である。

「プレッシャーがかかっているときこそ、集中しているとき」なのだ。事実、多くのチャンピオンがプレッシャーを楽しむテクニックを身につけている。

テニスのメジャートーナメントであるウインブルドン大会でも、ときどき無名の選手が番狂わせを演じて勝ち上がり、メインスタジアムでシード選手と戦うことがある。

もう随分前のことになるが、私もウインブルドン大会を観戦したことがある。ウインブルドンのメインスタジアムは一種独特の雰囲気がある。すり鉢状のスタンドがいやがうえにもプレーヤーにプレッシャーを与える。

シード選手はメインスタジアムでゲームをするのに慣れている。だから、観衆やテレビカメラを味方につけてどんどん集中力を高めていける。

ところが、無名の選手はメインスタジアムでプレーすることに慣れていない。だから、ゲームする前から異様な雰囲気に圧倒されて、プレッシャーを抱え込んでしまう。結局メインスタジアムの雰囲気を敵に回して、相手とプレーする前に負けてしまうのだ。

「大観衆とテレビカメラの前でプレーするとき、ボクは実力を発揮できる。今日のゲームを思い切り楽しもう」と考えられるチャンピオンと、「こんな異様な雰囲気の中でプレーするのが恐ろしい。到底実力が発揮できるわけがない」と萎縮《いしゅく》してしまう無名のプレーヤーとでは、戦う前から勝負が決まっている。

これに関して、カリフォルニア大学のスポーツ心理学者であるケン・ラビザは、ロサンゼルス・オリンピックのホッケー代表選手にあることをやらせている。

彼は、今まで２００人程度の観衆の前でしかプレーしたことのなかった選手らに、ゲームを行う数日前に収容人員が数千人のスタジアムを歩かせて「フィールドと親しくなる」という指導をした。その結果、彼らはプレッシャーを跳ね返して堂々とプレーし、予想された以上の素晴らしい成績を上げたという。

スポーツ心理学においてプレッシャーは、「状況をどう捉えるかという、その人間の心理状態」と定義できる。

あなたが集中力を高めたいのなら、できるだけプレッシャーを感じる現場を自分から好んで体験すること。そのうえで、「失敗しても命を取られるわけではない」と開き直ればよい。積極的にプレッシャーのかかる現場に飛び込んでいき、その雰囲気を楽しむことにより、大切な場面で実力を発揮できる。

- 部長の代わりに役員会議に出席して、プロジェクトの報告を堂々と行えばいい。
- 大口の商談をまとめることに生きがいを見いだして、どんどん行動に移していけばいい。
- 講演会やセミナーの講師を積極的に引き受けて、プレッシャーを楽しもう。

プレッシャーをどれだけ多く体験しているかが、並のプレーヤーとチャンピオンとを隔てている大きな要因だ。

31 「キス・アプローチ」が集中の源

仕事に集中できない大きな原因は、仕事が複雑すぎることである。あなたがイライラや怒りを感じたとき、仕事を複雑にし過ぎていないかどうかについてチェックしてみよう。

「キス・アプローチ」というのがある。もちろん、これはプレーボーイが魅力的な女性にキスでアプローチするという誘惑のテクニックではない。

キス（KISS）は、「keep it simple stupid」の頭文字をつないだ略称である。アメリカの軍隊では、演習がうまくいかなかったり、隊員が恐怖心を持ったときには、上官が「もっと単純にしろ。バカモン！」と怒鳴るという。危険な演習では、複雑な戦略が事故につながることが多く、極端な場合、死亡事故になることも珍しくない。誰にでもわかる単純な演習であることが不可欠なのだ。

これはビジネスにおいても、そのまま適用できる。シンプルでない仕事は、結局、最終的にうまくいかない。10分かけなければ上司に説明できないプロジェクトは、間違いなく却下される運命にある。誰もが1分間で理解できるようなプロジェクトに仕上げよう。

かのアインシュタインは口癖のように繰り返しこう語っていた。

「結局美しくない複雑な式はたいしたことはない。革命的な意味合いを持つのは、常に単純な方程式である」

あなたはむりやり仕事を複雑にしていないだろうか？ 思い切って仕事を単純化してみよう。

- 無意味なことに一喜一憂していないか？
- やらなくてもよいことにエネルギーを浪費していないか？
- つまらない知識で仕事を塗り固めていないか？

思い切って仕事を単純化することによって、自然に集中できる自分を発見できる。

もう一つ大切なことがある。何事も複雑に考え過ぎないことである。「あーでもない。こーでもない」と考え続けて仕事が迷路に入り込んでしまうことがある。

人間というのは、「できる理由より、できない理由のことをクヨクヨ考えてしまう」

動物である。いつの間にか、できない理由ばかりを探している自分に気づくこともある。できない理由をあれこれ考えても、得られるものは何もない。そんな暇があるなら、もっと単純に考えられないか、あるいは思考過剰のパターンにはまっていないか……そんなことについて真剣に検証してみよう。

32「60％達成！」の目標を設定する

もう20年以上も前の話になるが、アメリカのオリンピック委員会におけるスポーツ科学部門の客員研究員として、オリンピック候補選手と一緒に仕事をする機会を得た。そこで徹底的に教育されたのは、数値化によって目標を設定するという一貫したポリシーであった。

毎週1回「目標達成委員会」が開催され、各選手の目標達成状況をコーチが精細にチェックする。低迷している選手には技術面とメンタル面の専門家が納得いくまで相談し合って、新たなトレーニング・メニューを作成していた。このようなシステムがアメリカのオリンピックチーム躍進の大きな原動力となっていた。

もちろん、達成すべき記録を数値で表現するだけでなく、達成期限をしっかりと設定する習慣も徹底的に叩き込まれた。

たとえば、１００メートルの目標記録を10・7秒に設定しただけでは不十分。その記録を達成するのは3カ月後なのか、半年後なのかをしっかりと目標の中に盛り込まなければならない。

私は前者を「引力目標」、後者を「後押し目標」と呼んでいる。達成期限は明らかに典型的な「後押し目標」である。たとえば、100メートル走の場合、引力目標はゴールまで何秒で到達できるかという数値目標であり、後押し目標は追いかけてくるものを設定し（たとえば、犬に追いかけられている気持ちになって）、期限内に引力目標を達成するための目標である。

ビジネスにおいても、この原則は通用する。本来目標は達成意欲を最大にする数値を選ばなければならない。わずかな改善のためにあなたは余計な労力と頭脳を使っていないだろうか？

たとえば、今年のセールス目標が前年度の10%アップという目標では努力する意欲が湧いてこない。なぜならこの程度の売上増は製品の改良やカバーする営業地区を少し広げるだけで簡単に達成できるからだ。

反対に、前年度の100%アップという目標をたてた場合はどうだろう。もちろん、前者の目標に比べてやる気はそれなりに高まるだろうが、すぐに目標達成は不可能だと分かって簡単に挫折してしまう。

目標設定に関して、ハーバード大学の心理学者デビッド・マクルランド博士が興味ある実験をしている。それは「成功予想テスト」というものだ。輪投げを標的に向かって一人あたり5回投げるという、いたって単純なものだ。標的までの距離は輪投げをする人が自由に決めてよい。

彼はそれぞれの被験者の表情や意気込みを細かに観察した。その結果、もっとも意欲的に輪投げに取り組んだのは、5回のうち3回。つまり60%の確率で標的に輪が入る距離だった。100%入るような近い距離から投げても、あるいは入る確率がほとんど望めない遠い距離から標的めがけて投げても、被験者の意欲は低かったという。

この結果をもとに、達成期限という後押し目標を60%達成できる期限で設定してみてはどうだろう。最大のやる気を起こすような大きな改善を目標にすれば、ブレイクスルーが訪れてあなたの仕事に革命が起こる。

33 モチベーションを高める目標とは？

凸レンズで太陽光線を集めれば、簡単に新聞紙は燃えだすように、集中力とは凸レンズのようなもの。集中するには、それなりの工夫が必要だ。とくに長時間高いレベルの集中力を維持することは、それほど簡単なことではない。

「小さな目標を一つひとつ達成していく」ことが集中力を高めてくれる。前にも述べたように、「今日だけは○○をやろう」と自分に言い聞かせて毎日小さな目標を征服していくこと。それが集中力という力を養い、人生を充実させてくれる。

世界のコンピュータ市場でマイクロプロセッサー・シェアー90％以上を誇るインテル社は、従業員3万人の大企業だが、創設時はわずか12人だけであった。これほどまでの規模に育てたのが、創業者アンドリュー・S・グローブ会長である。

彼は決して大きな目標を掲げなかった。常に小さな目標を掲げ、1日1日を大事に生きる習慣を全従業員に徹底したのである。

大きな目標を立てるのは簡単だ。しかし、実現できなければ、それは何の意味も持たない。小さな目標の積み重ねが企業を飛躍させるのである。

グローブは自らの人生を振り返って、成功についてこう語っている。

「小さな目標を期限を設定してやり遂げる。目標を達成したら、従業員全員でお祝いをする。それが我が社のエネルギーである」

これは私たちの仕事にも十分適用できる。とにかく今日1日の仕事を完璧にやり遂げよう。日々の目標の積み重ねが驚くほど大きなエネルギーになるのだ。小さな目標を達成できないようでは、大きな目標は「絵に描いた餅」に過ぎない。

ケネディ大統領は、宇宙計画に関して「宇宙計画を前向きに推進する」とは言わなかった。こんな目標では、日本ならまだしも、アメリカでは馬鹿にされるだけである。

彼は、「我が国は、60年代が終わるまでに月面に人間を着陸させ、無事に地球に帰還させるという偉業を達成することに全力を投入する」と言った。これほど明快で具体的な目標が他にあろうか?

私が、アメリカのオリンピック委員会で徹底的に鍛えられた「目標設定」プログラムの作成法は、私の人生に大きなインパクトを与えてくれた。

当時、ロサンゼルス・オリンピックに備えて、アメリカのオリンピック候補選手は、金メダルを獲得するという大目標に一歩ずつ前進していくことの大切さをコーチによって徹底的に指導されていた。短期目標こそ集中力を高めて大目標を達成する原動力となる。

目標をこまぎれにすれば、集中力が高まりやる気もでる。たとえば、マラソンで42・195キロ早く走るためには、1キロごとのラップを丹念にとればよい。あるいは、1カ月に6キロ痩せたかったら、「1日200グラム減量」という目標を掲げればよい。細かい目標設定をして、着実にそれをクリアする。これこそ、モチベーションを高めて集中力を維持させながら練習や仕事を楽しくする大原則となる。

大きな目標であればあるほど、小目標を設定して着実にそれを達成することを最優先で実行してみよう。それだけで、驚くほど簡単に大目標は達成できる。

目標設定の仕方も、ちょっとした工夫をしなければならない。同じ目標を設定しても、モチベーションの高まる目標とそうでない目標とでは、やる気はまったく違ったものになる。

それではモチベーションを高める目標とはどんなものだろう。まず、わかりやすい目標でなければならない。たとえば、使い捨てのシェーバーを開発するなら、「売り上げ高200億円を目指す」というよりも、「日本人男性の3人に1人が使う」と身近でわかりやすい数字をあげたほうがモチベーションは高まるはずだ。

あるいは、「シェア20%を目指せ」というスローガンではなく、「1人1台の携帯電話」と目標を設定すれば、やる気が湧いてくる。たんなる数字の羅列だけが本来の「数値化」の目標ではない。

目に浮かぶような目標を掲げることにより、それに関わる人間のモチベーションが確実に高まることは知っておいてよい心理学のルールである。

Part 6

スーパー集中トレーニング

34 瞬間知覚で集中力を高める

集中力を高めたかったら、これから私が述べる二種類の集中力を駆使すればよい。

まず最初の集中力は「接戦の集中力」である。これは、仕事の難易度が大きく関与している。目の前の作業があまりにもやさし過ぎたり、反対に、あまりにも難し過ぎたりすると、集中力は高まらない。

たとえば、テニスの試合をしたとき、実力が明らかに違うプレーヤー同士が対戦しても、プレーヤーの集中レベルは高くならない。レベルの高いプレーヤーは「適当にプレーしても、負けるはずがない」と考えるだろうし、劣勢のプレーヤーは「いくら頑張っても勝てるわけがない」とあきらめてしまうからである。

ところが、同じ力量のプレーヤーを戦わせた場合、2人の集中力は高まる。接戦になって、ちょっとでも手を抜けば負けてしまうという気持ちが、自動的に高い集中力を維持させてくれる。これが「接戦の集中力」である。

この集中力は仕事にも十分適用できる。あまりにもやさし過ぎる仕事や、難しすぎる仕事では集中力は高まらない。やりがいのある難易度に設定したとき、集中力はみごとに発揮される。日頃からスポーツにおける「接戦の集中力」を発揮する工夫をすれば、高いレベルの集中力を発揮させないと達成できない仕事を与えられたとき、全力を尽くすことができる。

2番目は「土壇場の集中力」である。これには、時間的要素が絡んでいる。限られた時間内に決められた量の作業を完了させなければならないときには、自然に集中力は高まっている。その典型例が飛行機の離着陸時のパイロットの集中力であろう。

離着陸時には、どんな経験豊かなパイロットも緊張を強いられるという。なぜなら、離着陸時に非常事態が発生したとき、それを回避するための時間が限られているからである。限られた時間内で、事態を冷静に分析して危機を未然に回避しなければならない。離着陸の最終段階で異常事態が発生し、パニックにおちいって間違った操作をしてしまうと、それは即ち墜落を意味する。

この現象は、プロ野球などでも、しばしば見受けられる。9回裏、2死満塁。得点差は1点。このときピッチャーとバッターに大きな心理的緊張が走る。同じ状況が1回の裏に起こってもそれほど緊張しないのは、残された時間の長さの違いである。

土壇場になっても集中力が出せる「火事場の馬鹿力」というエネルギーを、どんなときでも出せるように工夫をしてみよう。そうすれば集中力は自然に高まるようになる。

以上述べた二種類の集中力をトレーニングするには、瞬間知覚の能力を高めればよい。瞬間知覚とは、瞬時に情報を取り込む高次の脳の機能である。情報収集できる時間を制限して瞬間知覚を鍛えることにより、集中力はみごとに鍛えられる。このトレーニングでは、ちょっと油断をするとその情報をキャッチできない。これが接戦や土壇場での集中力を養ってくれる。同時に、このトレーニング法を身につけると、集中力だけでなく、情報収集力も飛躍的に高まるのである。

たとえば、街で走っている車のナンバーを読み取ったり、通勤電車の車窓から流れていく看板の内容や通過する駅のホームの文字盤を読み取ることは、格好のトレーニングになり、集中力を高めてくれる。

より厳しい状況を設定したかったら、電車の架線を支えている支柱に描かれている小さな文字や数字を読み取るトレーニングに挑戦してみよう。

35「週間トレーニング」に挑戦しよう

「仕事に集中できない」
「ワープロのミスが最近目立つようになった」
「何をしても三日坊主で終わってしまう」

集中力の欠如が多くのビジネスマンを悩ませている。

スポーツ界のスーパースターは特別の集中力を持っている。そこから私たちが学ぶことは少なくない。彼らの集中力には一つの共通点がある。彼らがどんなことにも集中できるかというと、実はそうではない。前に述べた羽生棋士のように、自分の興味にたいしてだけ、驚くほど集中できるということ。自分の興味のあることには高い集中レベルを維持させるということ。

これは、とても大切なことである。この能力は特別な人間だけが備えているものではない。「没頭モード」さえ引き出せたら、誰でも目の前の仕事に夢中になれる。夢中になりさえすれば、放っておいても集中力は自然に高められるのである。

子どもは「集中の達人」である。前にも述べたが勉強をしているときには、あんなに注意散漫だった子どもが、趣味やスポーツに熱中しているときには、何時間でも驚くほど集中できるのは、その好例である。

子どもは大人のように余計な知識を詰め込んでいないから、先入観や思い込みがない。頭を空にして取り組めるから没頭できるのである。

いっぽう、大人はどうだろう。

「どうせ、たいして面白くないだろう」

「前にもやったが、面白くなかった」

「あいつが興味を示さないのだから、やめておこう」

大人が抱くこのような思考が没頭することを遠ざけてしまっている。

集中力をコントロールしているのは、目の前の仕事や遊びの内容ではない。取り組む人間の捉え方である。日ごろから「没頭モード」をつくりだす習慣を身につけておかなければ、肝心のときに集中できない。

私は、通勤時と週末にできる七つの集中力トレーニングを開発した。このトレーニングを月曜日から日曜日まで「日替わりメニュー」で実行すれば、飽きることなく集中力を身につけることができ、2~3週間もすれば、かならずその効果が表れてくるはずだ。ぜひ実行していただきたい。

★月曜〔動体視力トレーニング〕

これは通勤電車で簡単にできるトレーニングである。動いている物体の情報を読み取ることで自然に集中力が上がる。なぜなら、一般に動くものを見るとき、それが静止しているときに比べて集中力を要求されるからだ。

たとえば、静止視力が1・2の人の場合、時速30キロで動けば、視力は、0・9、60キロで0・8、100キロでは0・6くらいまで低下する。

目の前の高速で動いている看板の文字や標識の内容を読み取っていくことで、無意識に集中する力が身につく。

★火曜〔情報収集トレーニング〕

これは円周率を4万ケタ記憶した友寄英哲氏が実践して、集中力を高めたというトレーニング。帰宅時に、書店に立ち寄り、一冊につき1分間の制限時間を設定して目の前の本を立ち読みする。そして、その内容をメモに書き出してみる。集中力が高まれば、自然に要点だけを読み取る能力が備わってくる。実際に、私もこのトレーニングにより、1時間で30〜50冊の本の概要を読み取ることができるようになった。もちろん、そのうちの何冊かの気にいった本は、購入して後でじっくり読むわけである。

★水曜〔暗算トレーニング〕

これは暗算の名人が実践しているトレーニング法である。まず白いスクリーンをイメージする。そこに4ケタのソロバンを描き、1+2+3+4+5+……の要領で20までの足し算にチャレンジしてみよう。その答えは210。

最終的には、1〜100まで足し算を暗算でスラスラできるようになる能力を身につけよう。この答えは5050になる。この要領でスラスラと1から100までの足し算を暗算できるようになるまで通勤電車のなかで毎週繰り返そう。ちょっとでも気を抜くと、正しい答えは出せない。

このトレーニングにより、集中力だけでなく、右脳の領域が著しく鍛えられる。

★木曜〔バランス・トレーニング〕

これは、通勤電車の中で行うバランス・トレーニング。電車に乗ったとき吊り革にぶらさがらずにバランスをとってみよう。まず電車の進行方向に体の正面を向けて立ち、電車の加速や減速のときでも、うまくバランスをとってみよう。集中力がちょっとでも途切れると、バランスがくずれることを体験できる。

これをマスターしたら、今度はかかとを少し上げてつまさき立ちになると、難易度がグンと高くなる。このトレーニングであなたの集中力とバランス感覚は確実に向上する。

★金曜〔色記憶トレーニング〕

これは、通勤経路で特定の対象物をできるだけたくさん記憶するトレーニング。特定の色に敏感になって記憶することにチャレンジしてみよう。さまざまな実験で、一度に記憶できる事柄の数は最大九つであることが実証されている。

第1週目は赤、第2週目は青、そして第3週目は黄色というように、朝家を出て会社に到着するまでに、特定の色のついた看板やロゴマークを9個見つけて順番に記憶していこう。会社に到着したら、通勤経路を思い浮かべながら記憶した対象物の名称だけでなくデザインも書き出してみよう。答えは帰宅時にチェックすればよい。このトレーニングであなたの集中力と記憶力は間違いなく向上する。

★週末〔没頭トレーニング〕

「好きこそものの上手なれ」を私は「好きこそ集中の極意なれ」と言い換えている。週末は、自分の好きなことに没頭してみよう。

しかも、その対象を一つに絞り込んで、続けられなくなるところまでやってみる。そうすれば根気が生まれ、どんなことにも、長時間没頭できる能力が身につくようになる。

36「1分間集中トレーニング」のすすめ

私が提唱している2種類の「1分間集中トレーニング」は、多くのビジネスマンに愛用してもらっている。通勤電車やタクシーでの移動時間を利用して1日に数回、このトレーニングを実践してみよう。数週間もすれば、あなたは驚くべき集中力を身につけていることに気づくだろう。

★時計を使用した1分トレーニング

これは、秒針のある腕時計を用いて実行するトレーニング。まず腕時計の秒針が文字盤の一番上にきたときにスタートする。心を無にして秒針に視線を固定して30秒間注視する。そのとき時間の経過をイメージとして記憶しよう。

30秒経過して秒針が文字盤の一番下まできたとき、目を閉じる。今度は脳裏に腕時計の秒針がどんどん動いていくシーンをイメージの中に描きながらもう30秒間意識を集中させてみよう。

30秒経過してあなたの「心の時計」の中の秒針が一番上まできたときに目を開けて腕時計を見る。実際の秒針と心の時計の秒針の誤差はどれくらいだっただろう。意識を集中させてこのトレーニングをくり返すと、安定して誤差を1秒以内に抑えることができるようになる。

★残像カードを使用した1分トレーニング

集中トレーニングの中でも楽しみながらできるこのトレーニングは、中学校や高校における活動の現場で活躍している。

まず「残像カード」を作成するために、文房具店で名刺サイズのカードを購入する。カードの中心に1円玉を使ってその外周をエンピツでなぞり、直径2センチの円を描く。円を描いたらオレンジ色と青色のペンを用意して、カードの中心の円を青色に、そしてその周辺をオレンジ色で塗りつぶそう。

こうして作った「残像カード」を目から30センチほど離して持ち、約30秒間注視しよう。あなたはすでに「時計を利用した1分トレーニング」で、30秒の時間感覚をつかんでいるはずだから、時計がなくても30秒間を心の中で計測できるはずだ。

30秒注視したら目を閉じてみよう。すると、不思議なことに鮮やかなオレンジ色の円と、その周辺の青色が残像として浮かび上がるはずだ。ちょうどオレンジ色と青色が補色の関係にあるから色が逆転するわけだ。

目を閉じてから30秒間、この残像が鮮明に網膜に残っていれば、あなたの集中力は相当高いレベルにあるはずだ。この「残像カード」をかならず名刺入れに忍ばせておこう。そうすれば、ちょっとした「すきま時間」を活用して、簡単に集中力が高められる。

以上の2種類のトレーニングは、遊び感覚で楽しみながら実行するとよい。

37 オランダ空軍式集中トレーニング

これは、オランダ空軍のパイロットのために開発されたトレーニングである。このテストで合格点を取れなかったパイロットは、即刻配属換えを余儀なくされたという。

後に第二次大戦中のアメリカ空軍がこのトレーニングを採用し、注目を浴びる。このトレーニングをくり返すことにより、明らかにパイロットの集中力の持続時間が延びることが証明されている。現在でも、世界中の多くの軍関係の訓練プログラムにこのトレーニングが取り入れられている。

次ページの表には、「1〜9」の数字と、「A〜Z」のアルファベットが記されている。まず、アルファベットか数字を1つ決める。制限時間は10秒。「スタート」の合図で自分が決めたアルファベットか数字が、いくつこの表の中にあるかを数える。このトレーニングの特徴は、決して印をつけたり、メモしたりしてはいけないということ。

10秒が経過したら、答をメモしよう。それから次ページに収録した解答を見て、お目

オランダ空軍式集中トレーニング 用紙

D	3	4	6	C	I	N	Z	K	N	D	P	I
E	A	2	L	8	5	G	K	L	O	F	Q	J
P	E	H	6	1	Y	V	D	V	R	B	U	M
N	O	X	F	A	S	H	9	A	3	S	X	Y
U	J	F	C	7	R	A	T	W	B	1	K	W
4	V	D	Q	K	2	D	M	Q	O	4	M	2
P	K	5	S	M	Z	H	7	L	P	Q	5	G
6	Z	O	7	8	5	G	X	N	6	3	F	1
J	4	H	I	J	C	Y	F	K	H	9	B	N
T	Y	V	L	1	R	G	9	W	8	T	S	S

当てのアルファベットか数字の数が正しいかどうかをチェックしてみよう。そして、アルファベットと数字を変えて何回もくり返してみよう（コピーしてやってみよう）。

5回トレーニングして1つでも見落としがあればやり直し（解答にあるアルファベットと数字の数を示しておくが、決してこの数を記憶してはいけない）。

これをクリアしたら、トレーニング・レベルをもう少しアップしてみよう。

今度はアルファベット1つ、数字1つを決めて同じ要領でそれぞれの数を数えてみよう。印をつけたり、メモしたりしてはいけない。制限時間はやはり10秒。両方とも数が一致してはじめて正解となる。数字とアルファベットを数えて5回トレーニングを繰り返し、1つでも見落としがあればやり直そう。

制限時間を延ばしていき、同時にアルファベットと数字の数もどんどん増やしていけば、それだけトレーニングの難易度が上がる。最終的にはすべてのアルファベットと数字を数えるトレーニングにチャレンジしてみよう。

オランダ空軍式集中トレーニングの解答

1（4）	A（4）	J（4）	S（5）
2（3）	B（3）	K（6）	T（3）
3（3）	C（3）	L（4）	U（2）
4（4）	D（5）	M（4）	V（4）
5（4）	E（2）	N（5）	W（3）
6（4）	F（5）	O（4）	X（3）
7（3）	G（4）	P（4）	Y（4）
8（3）	H（5）	Q（4）	Z（3）
9（3）	I（3）	R（3）	

38「全方位集中トレーニング」のすすめ

注意を広範囲の領域に張りめぐらす全方位集中力とは、とくに飛行機のパイロットに要求される能力である。前にも少し触れたが、パイロットが緊張するのは離着陸のとき。私の友人は大手航空会社に勤務して25年の熟年パイロットであるが、離着陸のときだけは、毎回緊張を強いられるという。

とくに、天候不良のときや霧が出たときの着陸時は、コックピットに多大の緊張が走るという。

そんなときパイロットには、計器全体に万遍なく意識を張り巡らす能力が要求される。計器のどこかに異常が発生したら速やかに行動を取らねばならないからだ。限られた時間に適切な処置をしないと、大事故につながってしまう。だから彼らに一点集中力は必要ない。むしろ、一点集中力は悪影響を及ぼすのだ。

それではここで全方位集中力を鍛えるトレーニングをいくつか紹介してみよう。

★全方位集中トレーニング（初級編）

次ページにはアルファベットが20個ずつバラバラに並べられている。

まず、この図をコピーして、30秒単位で特定のアルファベットに「／」印をつけて消していこう。30秒経過したら、新たなアルファベットを選択して消していく。できればパートナーを見つけて時間の計測をしてもらおう。

3分かけて連続して6種類のアルファベットを消していく。正しく「／」印をつけることができた総数があなたの得点になる。

もしも一人きりでやるのなら、特定のアルファベットを20個すべて消去した時間を計測しよう。それがあなたの得点となる。

もちろんこの場合は、所要時間を短縮すればするほど優秀であることはいうまでもない。コピーして挑戦してみよう。

193ページにレベル評価表を示す。Aレベルを目標に評価してほしい。

全方位集中トレーニング（初級編）

N	V	F	Z	Q	J	J	I	Q	T	J	O	E	P	K	S	Y	K	C	Z
F	O	W	C	S	R	P	E	L	Z	E	P	R	E	D	C	L	B	U	H
L	U	L	T	Y	D	B	C	I	W	U	B	H	Z	R	I	W	G	H	J
A	X	K	V	B	G	I	M	Z	E	M	V	D	T	N	R	B	L	P	O
I	A	X	Z	H	V	C	E	F	K	L	D	X	M	Z	M	F	P	G	G
K	O	M	A	N	H	D	V	T	Y	V	L	H	I	P	C	Y	A	O	W
D	U	H	X	Q	B	U	W	D	R	G	F	A	Y	Z	Z	R	N	Q	N
M	I	U	D	A	O	R	J	B	S	U	R	A	W	U	U	X	G	N	F
S	R	Y	J	S	I	V	M	K	I	E	Y	X	E	F	O	Y	Z	U	J
F	T	D	W	N	P	S	X	G	M	V	F	T	R	I	Z	V	Y	J	Q
D	S	J	O	F	E	X	G	O	V	O	W	Z	A	E	C	F	L	P	L
Q	J	O	T	L	Z	B	C	E	X	U	L	W	H	C	T	X	W	B	I
S	W	K	H	A	T	Q	K	P	H	X	K	E	T	M	V	L	B	I	Z
T	P	Q	A	I	M	T	Z	N	T	A	X	K	F	E	Z	I	F	C	F
C	Q	S	Y	K	I	K	N	B	P	O	M	Y	Y	V	A	G	Y	D	T
Q	W	G	N	D	Y	C	P	Q	L	U	H	R	B	W	X	V	R	U	D
J	N	C	M	M	W	E	M	K	S	I	U	S	L	J	D	W	X	R	B
Q	J	O	S	S	E	C	K	Z	E	R	Y	I	J	M	J	K	Y	V	K
S	E	P	C	F	R	U	D	H	R	T	D	M	R	X	W	B	V	S	G
Y	U	B	I	D	A	H	R	J	H	S	J	V	D	G	O	G	F	X	O
B	M	V	R	Q	H	P	N	O	D	J	O	X	G	C	T	L	X	B	E
H	L	D	M	S	T	G	A	G	X	W	K	H	V	K	H	P	L	Q	P
N	V	L	C	T	F	O	P	W	H	P	Q	T	H	Z	A	A	I	T	N
Q	G	F	Z	C	Y	Q	Z	N	A	Q	S	P	B	N	Y	N	G	K	B
A	U	R	U	Q	B	N	U	F	A	W	G	L	O	P	N	G	V	C	Q
S	E	Y	O	J	L	U	F	J	X	N	C	S	I	M	M	Z	W	E	K

★全方位集中トレーニング（中級編）

このトレーニングも全方位集中力を鍛えるトレーニングである。次ページに、1から30までの数字が○のなかに記されている。これもコピーしてやってみよう。

時計を用意して、「スタート」の合図で、できるだけ早く1から順番に番号を線で結んでいく。

30までの数字をすべて結び終えたときにかかった時間が、あなたの得点となる。もちろん点数が少ないほうが優秀である。

今度はこのやり方に慣れたら30から29、28、27というふうに数字の大きいほうから小さいほうに線で結んでいったり、2、4、6……30、と偶数を結んだ後、29、27、25、と奇数の大きいほうから小さいほうに向かって結んでいってもよい。

用紙全体を見渡しながら迅速に作業を進めることにより、あなたの全方位集中力は飛躍的に高まるはずだ。これも次ページにレベル評価表を掲載してある。Aレベルの成績を安定して残せるように、定期的にこのトレーニングを実行しよう。

全方位集中トレーニング（中級編）

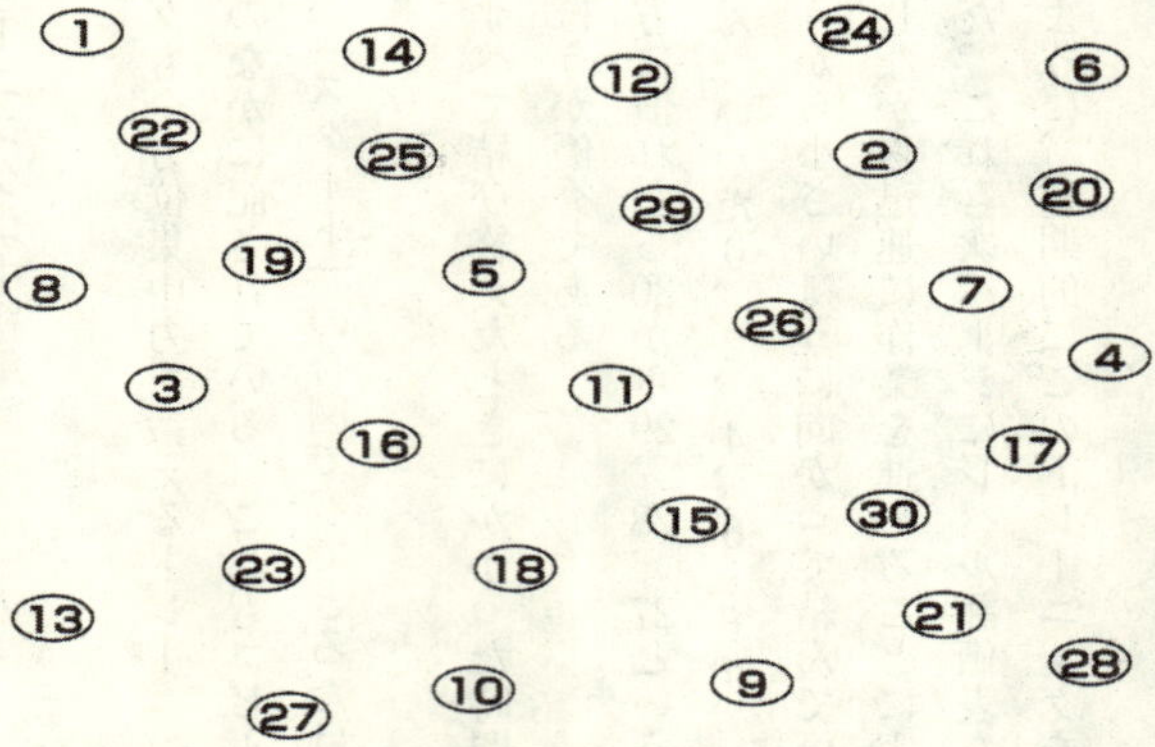

全方位集中トレーニング（初級）のレベル評価表		
	点数	評価
Aレベル	120 以上	あなたの集中度は最高レベルです
Bレベル	100～119	あなたの集中度は優れています
Cレベル	90～99	あなたの集中度は平均レベルです
Dレベル	80～89	あなたの集中度はやや劣っています
Eレベル	79 以下	あなたの集中度は明らかに劣っています

全方位集中トレーニング（中級）のレベル評価表		
	点数	評価
Aレベル	30 以下	あなたの集中度は最高レベルです
Bレベル	31～35	あなたの集中度は優れています
Cレベル	36～40	あなたの集中度は平均レベルです
Dレベル	41～45	あなたの集中度はやや劣っています
Eレベル	46 以上	あなたの集中度は明らかに劣っています

39「カクテル・パーティ現象」とは？

音は集中の大敵である。外部からのちょっとしたノイズが、簡単に集中を途切らせてしまう。たとえば、ゴルフのプロトーナメント試合で時折り見かけるシーンがある。ショットをする直前に観衆の携帯電話がなってゴルファーがショットを中止するシーンである。

ほんの小さな音でゴルファーはショットに集中できない。音が集中をかき乱す典型例である。

これを逆手にとって集中力を養ったのが、幼い頃のタイガー・ウッズである。父親のアール・ウッズはタイガーがショットする直前に、あらかじめ布袋に入れていた何十枚かのコインをジャラジャラ鳴らして集中力を乱したという。

最初タイガーは雑音に耐えかねてミスショットを乱発したが、慣れるにしたがい、周りの雑音に惑わされないでショットに集中できる能力を身につけたという。

「カクテル・パーティ現象」というのがある。これは、通信工学の専門家であるE・C・チェリーが実証した心理学の現象である。彼はパーティの騒音の中で、どれくらい情報が伝わるかについて実験した。

その結果、友人との話に夢中になっていると、他人が話しかけてきてもわからないが、となりのグループの会話の中に自分の名前が出てきたら、それが微かな音量でも耳に入ってくることがわかったという。

ディスコの中で耳をつんざくような音が流れている。そんなときでも、友人同士なら案外意思疎通できるのも「カクテル・パーティ現象」のお陰である。

ただし、雑多な複数の音源から自分が必要としている音源だけに意識を集中させなければ、その情報は獲得できない。つまり、複数の音源を聞き分ける作業が格好の集中トレーニングとなる。

私は「カクテル・パーティ現象」にヒントを得て、2種類の音源を活用した「集中力トレーニング」を開発した。これは、二つの音源の情報を同時にキャッチする能力を身につけるトレーニングである。

やり方は簡単である。私の自宅の居間には、このトレーニングを実践するためにテレビが2台並んでいる。スポーツ番組を観戦するときに2画面で観戦すると迫力があるというのが一つの理由であるが、もう一つ目的がある。

それはときどき二つの異なる番組を同時に流して二つの音源に交互に意識を異動させて両方の番組を楽しむのである。たとえば、NHKのニュース番組を見ながら、NHKの衛星放送のメジャーリーグを楽しむのである。もちろん音も同時に流す。

ただし、両方の音源のボリュームをできるだけ均等に、しかも音量を抑えるということが原則だ。二つの音源のボリュームが異なると、バランスがくずれてトレーニング効果は薄くなる。しかもボリュームを限界近くまで抑えることによって意識を鋭敏にさせてくれる効果がある。

私の場合、ほぼ10秒単位で二つの音源に意識を移動させるのが快適な鑑賞の仕方である。慣れてくると、自由自在に音源を移動させることが可能になる。もちろん意識を集中させていないと、それらはただの雑音に過ぎない。

もちろん、テレビを2台用意するのが困難なら、テレビの横にラジオか、あらかじめ別の番組を収録したテープレコーダーを置いてトレーニングすればよい。まったくジャンルの違う番組でトレーニングするほうが、効果が上がる。

最初は10分程度からスタートさせて、慣れてきたら1時間連続してこの方法で複数の番組を楽しんでみよう。

40 「スキャン読書法」を身につけよう

これは興味のある記事を瞬時に知覚する「スキャン読書法」。トレーニング方法はいたって簡単。ページ全体に視野を動かし、キーワードを探す。そしてキーワードの部分だけをサラッと読む。方法は簡単だが効果は抜群。この読み方が情報処理速度を驚くほど高めてくれる。

私は制限時間を設けて本を読む。たとえば、文庫本なら「30分で読む」と宣言する。しかし、この時間内に読み終えるには、読み方を工夫しなければならない。

まず、目次の最初から最後までサーッと目を通す。ときには、その本のもっとも読みたい項目をマーカーで塗りつぶす。マーカーで塗りつぶさなかった項目は、時間が余ったときに読めばいい。たいていの本のページ数は200~250ページ。そのうち興味のある項目だけを選別すると、だいたい半分程度に絞り込める。

つまり、1冊の本が、100~120ページの分量になる。これだけの分量を30分で読むとすると、1ページに割り当てられる時間は15~20秒になる。

スキャン読書法を使ってみよう。視覚をページ全体に張り巡らし、キーワードを素早く見つけ、そこから読んでいく。キーワード部分から視覚を飛ばしたり、あるいは逆向きに読みながら、そのページに書かれている内容を把握していく。「15~20秒で1ページの内容を把握する」というメッセージが脳内にインプットされると、自然と視線の使い方がそのようになるのだ。

15~20秒では速すぎると感じる人は、初めのうち、1ページ30秒のペースで読み進めればよい。そのためには30秒という時間の長さを感覚として把握しておこう。このペースで読み進めれば、200ページの本も100分、つまり1時間40分で読める計算だ。

1冊にどれだけ時間をかけるか決めて本を読むと、脳の集中度が高まり、自動的に制限時間内で読み終えるように導いてくれる。

41 新聞を使って「記憶トレーニング」

新聞を利用して記憶力を高めるのが「新聞記憶トレーニング」だ。用意するものは、新聞と赤のボールペン。まず1面をザッと見渡して、目に飛び込んでくる言葉を赤のボールペンでマークしていく。

できれば時事用語や専門用語を選択してみよう。

たとえば、目に飛び込んでくる5つの言葉をサッサッと○で囲んでいき、全部の言葉をマークし終わったら、新聞から目を離す。そして、メモ用紙に今記憶した言葉を記入する。

それらの言葉を完璧に記憶したら次の面に進む。そして、先ほどと同様に赤のボールペンでマークしていく。合計1面につき六つの言葉を記憶してその言葉をメモ用紙に記入していけばよい。

この要領で最後のページまでトレーニングをかねて読み進んでいこう。このトレーニングに慣れたら記憶する言葉を一つずつ増やしていこう。

最終的には10個の言葉を記憶するのが目標となる。このトレーニングがあなたの集中力を高めてくれるだけでなく、新聞紙一面全体に視線を張り巡らせて、情報を瞬時に読み取る能力を著しく高めてくれる。

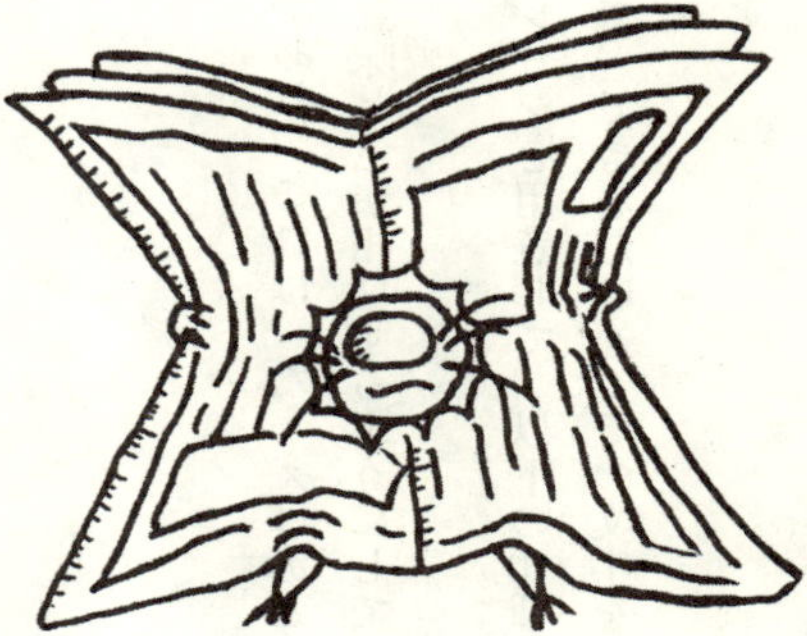

42「ストループ効果」を試してみよう

心理学で実証された、「ストループ効果」というのがある。これは、たとえば赤という文字を緑のクレヨンで描いたときのように、文字の意味と色が相反するようにして表現した場合、文字を読む速度が阻害される現象をいう。

それではここで簡単な実験をしてみよう。12色のクレヨンを用意して、以下の10種類の文字をその文字が表現する色で描いてみよう。そして、できるだけ速くその文字を読み上げて所要時間を計測してみよう。

赤　青　黄　黒　茶　緑　オレンジ　紫　ピンク　白

次に同じ文字をその文字が表現する色と異なる色で描いて、同じようにできるだけ速くその文字を読んでみよう。どちらのほうが速く読めただろう。明らかに前者のほうが速く読めることがわかる。

この理由は簡単である。この課題の目的は「文字を読むこと」である。だから文字が描かれている「色」は無視すべきである。ところが、すでに私たちは色について無意識にそれが何色であるかを認識している。「言葉としての色」と「色彩によって認識する色」が異なったために、後者のテストの能率が低下したのである。

集中力を高めるには、一つの対象に意識を絞り込めばよい。たとえば、あなたが居間で本を読むときに、クラシック音楽を流しながら本を読んでも、それによって読書が妨害されるわけではない。

クラシックを流した場合、本の内容を理解する左脳と音楽を聴く右脳というまったく別々の脳の領域を刺激しているために、読書が阻害されることはない。

いっぽう、テレビのニュース番組を流しながら本を読んだ場合はどうだろう。明らかに読書はニュース番組によって阻害され、読み進む速度はクラシック音楽を聴きながらのときよりも

低下する。

つまり読書するときに使われている脳の領域と、ニュース番組の内容を理解する脳の領域が一致するために、読書に集中できない。

ところが、居間のすぐ外で道路工事をしていて、けたたましい騒音が発生した場合はどうだろう。いくら処理される脳の領域が違っていても、刺激が強烈であれば、気が散って読書どころではない。

集中したければ、目的とする作業がそれ以外の外的刺激に妨害されない環境をつくればよいのだ。つまり、脳の情報処理機能を最高レベルに引き上げる環境づくりをすることが、集中を高めるカギとなる。

結局、集中力を高めるには、侵入してきた他の情報によって目的とする行動が阻害されないことが重要であると、このテストで簡単に理解できる。

以下に目の前の仕事に没頭するための具体策を列記してみた。ぜひ取り入れていただきたい。

- デスク上に、仕事とは関係のない雑誌や新聞を置かない。それらは仕事を阻害する立派な情報源である
- 騒音から逃れよう。喧騒が渦巻くオフィスのデスクではなく、ときには空いている静かな会議室を利用して仕事をしよう
- 読書するときにはテレビを消そう

目の前の作業を阻害する因子を取り除く。これこそ集中力を高めるもっとも簡単なテクニックである。

43「カラーブリージング（色呼吸）」のテクニック

欧米諸国では、「カラーブリージング」がメンタル・セラピー（心理療法）に積極的に活用されている。この分野では、日本はまだまだ途上国である。

色には、ヒーリングの効果があることが実証されている。日常生活の中で色をうまく活用することにより、集中力を増進させることができる。

たとえば、ロンドンのブラックフライヤーズ橋は、「自殺の名所」として有名な橋であった。立て札を立てても、あるいは巡回の人数を増やしても一向に効き目がなかった。実は、この橋の色は文字通り「黒い橋」だった。

ある人が「橋を明るい緑色に塗り替えたらどうだろう」という提案をした。この橋を管轄しているロンドン市役所が実際に明るい緑色に塗り替えたら、自殺者は一挙に3分の1に減少したという。

チェスキンというアメリカの色彩学者は、アメリカで発生している夫婦喧嘩の理由はお互いの意見の相違にあるのではなく、室内が攻撃的な色で塗られていることによると主張して、学会で注目された。彼は「妻を替える前に室内の色を替えろ」と主張した。

それでは集中力を高めてくれる色はあるのだろうか？　疲労を感じたときは、赤色とオレンジ色が人間を元気にして集中力を高めてくれる。太陽こそ活力とエネルギーの象徴である。

もう数年前のことになるが、赤い下着が流行したことをあなたも記憶しているだろう。ある健康雑誌で「寝たきりの老人に赤のパンツをはかせたら、トイレに一人で行けるようになった」という報告があったが、この話はあながち眉唾と言いきれない。とにかく赤という色は人間を元気にしてくれる効果があるのだ。

太陽こそ赤の象徴である。朝起きたら外に出て太陽に向かって大きく深呼吸してみよう。そうすると元気が湧いてきて、１日高い集中力を維持させてバイタリティあふれる行動をとれるようになる。

もちろんバイタリティあふれる行動でバリバリ仕事をすることも大切だが、そのまま突き進めばかならずバテて疲労困憊してしまう。それが進めば、精神的に不安定になったり、怒りっぽくなることもあるだろう。そんなときには、透き通るようなマリンブルーの色をじっと見つめるだけで気持ちが落ち着いてくる。日本オラクルの前社長、佐野力さんは、「青い部屋」をつくってそこで部下を叱ったという。アメリカ暮しの多い佐野さんは、青色は「理性の色」であることを知っていた。事実、この部屋では、感情的にならず、理性的に叱れたという。

このように、「赤」と「青」をうまく日常生活に取り込めば、集中力を高めて快適な生活を送れるようになる。私はいつも「残像集中トレーニング・カード」（12ページ）とともに、表を鮮やかなオレンジ色に、裏を爽やかな青色に塗りつぶした名刺サイズの「特製カード」を名刺入れに忍ばせている。

意気消沈したり、疲労を感じたときにはオレンジ色を30秒間凝視する。いっぽう、感情が不安定なときや、リラックスしたいときには青色を30秒見つめる。色に敏感になり、日常生活の中に積極的に取り込もう。それだけで簡単に気分転換できる自分になれる。

44 バロック音楽のリラックス効果

私は「バロック音楽」のリラックス効果を一貫して多くのビジネスセミナーで強調してきた。これはまったく個人的な意見であるが、私をリラックスした気分にしてくれる最強の「バロック音楽」は、バッハの「ゴールドベルグ変奏曲」である。

ちょっとした睡眠障害を抱えている私は、午後11時に就寝しても、3時間後の午前2時ごろに目が覚めることがある。その後しばらく目はらんらんとして冴え渡る。「ゴールドベルグ変奏曲」を流してベッドの中で本を読む。すると、ほどなく眠りにつける。

また、週末の1日、10時間ワープロに向かっていても、この曲を聴いているだけで幸福感に浸り、「生きていてよかった」と感じるのである。

私がどうしてこの曲を聴くようになったか？ それはS・オストランダーとL・シュローダーが著した『新版スーパーラーニング』(朝日出版社刊)という本にバッハにまつわる以下の話が書かれていたからだ。

ある夜更けのこと、ロシア公使カイザーリング伯は、病床にあった。伯爵は召使を呼んで、近くに住んでいるハープシコードの名手であるゴールドベルグを呼びにやる。

彼はヨハン・セバスチャン・バッハが伯爵のために特別に作曲した曲を演奏し始めた。実をいうと、伯爵は最近おもい不眠症を訴えたため、自らバッハに「不眠症に効き目のある曲を書いてくれないか。穏やかで、しかも明るい曲を……」と注文したのだ。

ゴールドベルグがバッハの作曲したこの曲を演奏し始めると、伯爵の緊張は和らぎ、落ち着いた気分になるのだった。それ以来、眠れないときは、伯爵はゴールドベルグを呼んで演奏させた。ついには、彼専用の部屋まで用意したという。

しかもこの治療効果にたいそう喜んだ伯爵は、バッハに大枚の礼金をはずんだという。この作品は、献身的なハープシコードの奏者の名をとって、「ゴールドベルグ変奏曲」と呼ばれるようになった。

バロック音楽は多くの研究者によって研究が重ねられ、心身をリラックスさせる、驚くべき効果のあることが実証されている。バロック音楽特有の「1分間60拍」のリズムが人間のゆったりした脈拍のリズムとシンクロして、人間を幸福感に浸らせてくれるというのは説得力のある理由である。

1分間が60秒というのも、たんなる気まぐれで決められたものではないという。旧ソビエトの心理学者I・K・プラトノフは、メトロノームのリズムを1分間に60拍に設定しておき、その状況で話を聞くことにより、話された事柄をしっかりと把握できることを実証してみせた。「音のマッサージ」が人をリラックスさせて、集中力を高めたのである。

いますぐCDショップに立ち寄って、バロック音楽の中からお気に入りとなる1枚を買い求めよう。就寝前やくつろいでいるときだけでなく、読書中や家に持ち帰った仕事をしながらその音楽を聴き、リラックスできる環境をつくろう。

クレペリン・テストの解答

3 8 4 1 6 9 2 7 5
1 2 5 7 5 1 9 2
3 7 2 2 6 0 1
0 9 4 8 6 1
9 3 2 4 7
2 5 6 1
7 1 7
8 8
6

本書は『ここ一番！の集中力を高める法』（東洋経済新報社／２００２年刊）を加筆・訂正して文庫にしたものです。

●参考文献

『ピークパフォーマンス』C・A・ガーフィールド（ベースボール・マガジン社）
『三秒集中記憶術』友寄英哲著（光文社）
『集中力』山下富美代著（講談社）
『集中力』谷川浩司著（角川書店）
『やる気を生む脳科学』大木幸介著（講談社）
『誰でも天才になれる77の方法』児玉光雄著（廣済堂文庫）

【児玉光雄・著作リスト】

『子供のインド式「かんたん」計算ドリル』ダイヤモンド社
『名将・王貞治勝つための「リーダー思考」』日本文芸社
『松坂大輔「100億思考」を読み解く！』東邦出版
『イチロー選手の「夢」をつかむ言葉』日刊スポーツ出版社
『楽しみながら頭がよくなる「脳トレ」パズル』三笠書房
『好きなものを先に食べてしまう人は成功しない』世界文化社
『理工系の〝ひらめき〟を鍛える右脳を鍛えて直感的に解く力を身につけよう』ソフトバンククリエイティブ
『イチロー思考』東邦出版
『イチロー頭脳』東邦出版
『イチローにみる「勝者の発想」』二見書房
『トップアスリート「成功思考」』日刊スポーツ出版社

二見文庫

イチローやタイガーの「集中力《しゅうちゅうりょく》」を「仕事力《しごとりょく》」に活《い》かす！

著者　児玉光雄《こだまみつお》

発行所　株式会社 二見書房
東京都千代田区神田神保町1-5-10
電話　03(3219)2311［営業］
03(3219)2316［編集］
振替　00170-4-2639

印刷　株式会社 堀内印刷所
製本　関川製本所

ISBN978-4-576-07145-9
http://www.futami.co.jp/